Hans Stolp

Organspende

Hans Stolp

ORGAN SPENDE

Übertragen Organe Bewusstsein?

ÜBER DEN AUTOR

Hans Stolp ist Pfarrer und Schriftsteller. Er steht mit der Stiftung Heraut in Verbindung und hält Vorträge und Seminare über „Die esoterische Deutung der Bibel", über Engel, die Mysterientradition, den Umgang mit Verstorbenen und viele weitere Themen, die in Zusammenhang mit dem Denken einer neuen Zeit stehen.

Weitere Informationen finden Sie auf
seiner persönlichen Website:
www.hansstolp.nl

3. Auflage
© 2025 Crotona Verlag GmbH & Co.KG
Amerang 11 • 83123 Amerang
www.crotona.de
Kontakt: kontakt@crotona.de

Holländische Originalausgabe
© 2016 Hans Stolp
Originaltitel: *ORGAANDONATIE*

Übersetzung: Andrea Fischer
Umschlaggestaltung: Annette Wagner
Gedruckt bei 1A Media GmbH · Stuttgart

ISBN 978-3-86191-077-0

Inhalt

In Dankbarkeit gewidmet

Marieke de Vrij
und
Ger Lodewick

in tiefem Respekt vor ihrem Mut, aufzustehen
und auszusprechen, was in der heutigen Zeit
einfach gesagt werden muss.

Selig sind die Mutigen im Geiste:
Sie sind die Diener der Menschheit.

Dieser Körper, den ich den meinen nenne,
dieser Körper, der mich leben und lieben lässt,
dieser Körper, der es mir möglich macht,
eine meiner Erdenlektionen nach der anderen zu lernen –
dieser Körper ist ein Geschenk Gottes an mich.

Ich habe ihn von Ihm als Leihgabe bekommen, um hier,
in dieser Lebensschule auf Erden, Erkenntnisse zu gewinnen,
um an meinen Fehlern weiser zu werden und zu wachsen.
So kann ich mich als kosmisches Wesen weiter entwickeln.

Dieser Körper, diese Leihgabe Gottes,
ist eine Welt voll unvorstellbarer Weisheit. Millionen
von Zellen sind perfekt aufeinander abgestimmt.
Jeder Zelle liegt eine Welt voller Weisheit zugrunde.
So groß ist das, was Gott mir hier auf Erden als eine Leihgabe
auf Zeit gab.

An alle, die über die Krankheiten dieses Körpers
nachdenken möchten, an alle, die Möglichkeiten
von Heilung finden möchten,
sie alle werden dazu aufgerufen,
dies mit respektvoller Ehrerbietung und Ehrfurcht
im Herzen zu tun:
Die göttliche Weisheit ist so groß, und wir –
wir wissen noch so wenig von ihr.

Wer den menschlichen Körper auf diese Weise betrachtet,
wird begreifen: Wenn wir Heilung für unseren Körper suchen,
werden wir zuerst für die Heilung unserer Seele sorgen.
Dann wird unsere Seele wiederum unserem Geist
Heilung zuteil werden lassen können.
Doch wo findet die Seele Heilung?
Im Geist, denn dieser ist die wahre Quelle,
die der Seele Heilung schenkt.
Und sie, die Seele, ist es,
die wiederum dem physischen Körper Heilung bringt.

Unsere Seele weiß dies alles: Der Geist selbst erzählt es ihr.
Daher weiß die Seele tief in ihrem Inneren auch, dass alles,
was uns in diesem Leben widerfährt, einen tiefen Sinn hat.

Lasst uns in diesem Vertrauen die Entscheidungen treffen,
die das Leben uns präsentiert.
Auch die Entscheidung,
ob wir Organspender sein wollen oder nicht,
oder die Entscheidung für oder gegen eine Transplantation.
Wer aus diesem Vertrauen heraus seine Entscheidungen fällt,
entscheidet sich immer richtig.

Zum Geleit

Vor einiger Zeit widmete das Magazin „Spiegelbeeld" („Spiegelbild") der Organspende einen Spezialbeitrag unter dem Titel „Die verschwiegene Seite der Organspende".[1] Laut diesem Magazin wird in der Diskussion über Organspenden eine strukturelle Seite nicht beleuchtet, und zwar der spirituelle Aspekt der Organspende. Gerade der spirituelle Aspekt verdeutlicht, dass eine postmortale Organspende äußerst problematisch ist, und zwar insbesondere die Problematik um den Begriff „Hirntod". „Aber", so heißt es bei „Spiegelbeeld", „die vielen Fragen, die durch die postmortale Organspende aufgeworfen werden, sind so heikel, dass es die Journalisten, die Medien und die Politik im Allgemeinen nicht wagen, sich darüber auszulassen."[2]

Ton Verlind, der frühere Direktor von KRO und Fernsehjournalist, sagt, dass der niederländische Journalismus und die Massenmedien diesem heiklen Problem auf der ethisch-weltanschaulichen Ebene lieber aus dem Weg gehen. „In den Medien herrscht rund um dieses Thema eine Art von 'Tabuzone' nach dem Motto: ‚Lasst uns da mal bloß nicht darüber sprechen.'"[3]

In Gesprächen oder Diskussionen über Organspenden fällt in der Regel die spirituelle Seite systematisch unter den Tisch. Auch bei der Aufklärung, die von staatlicher Seite in dieser Hinsicht betrieben wird, fehlt es an jeglichen Hinweisen auf spirituelle Meinungen und Erkenntnisse. Alles, was über den sichtbaren und den materiellen Bereich hinausgeht, wird von Seiten des Staates ignoriert. Damit entscheidet sich der Staat für eine bestimmte Haltung gegenüber der Organspende und negiert ganz bewusst andere Sichtweisen und Erkenntnisse; und das, obwohl wir gerade vom Staat erwarten dürfen, dass er zumindest neutral bleibt und alle unterschiedlichen Strömungen und Ansichten in der Gesellschaft respektiert. Ein Staat darf nicht eine bestimmte Haltung (in diesem Fall die spirituelle Haltung) unter den Tisch kehren, insbesondere deshalb nicht, weil diese ihm offensichtlich nicht ins Konzept passt.

Doch da der Staat dies nicht tut, wird es höchste Zeit, dass Einzelpersonen einspringen und die Aufgabe übernehmen, die eigentlich Pflicht des Staates ist, von diesem aber verweigert wird. Gemeint ist die Aufgabe, allen Menschen, die hinsichtlich des Themas Organspende eine Entscheidung treffen müssen – und das ist folglich jeder, weil der Staat uns ja zu einer Entscheidung zwingt – auch Einblick in die Sicht der spirituellen Lehren zu Organspenden zu gewähren. „Spiegelbeeld" hat das bereits getan. Auch Menschen wie Ger Lodewick, Marieke de Vrij und Ari van Buuren haben das bereits getan: Ihre Erkenntnisse werden in diesem Buch ausführlich vorgestellt. Gerne möchte ich mit diesem Buch ihre Arbeit unterstützen.

Organspende ist ein unbeliebtes Thema. Die Menschen beschäftigen sich – genau wie die Journalisten – damit lieber nicht. Das ist verständlich, aber zugleich auch gefährlich, denn gerade durch dieses Stillschweigen kann es passieren, dass Menschen auf dem Operationstisch sterben, weil die Ärzte nachhelfen. Es gibt viele Beispiele von Menschen, die von den Ärzten für hirntot erklärt wurden und dann doch wieder aufgewacht sind. In diesem Buch werde ich eine Reihe von Beispielen anführen. Daneben gibt es auch Ärzte, die öffentlich aussprechen, dass jemand, der für hirntot erklärt wird, gar nicht wirklich tot ist, sondern lebt. So sagt Dr. Paolo Bavastro, der jahrelang Chefarzt der Abteilung für innere Medizin der Filderklinik (in Filderstadt bei Stuttgart) war: „Ein für hirntot erklärter Mensch ist nicht tot. Er lebt, auch wenn er sich vermutlich in einem unumkehrbaren Sterbeprozess befindet."[4] Bavastro ist nicht der Einzige, der so denkt. Es gibt noch viele andere Ärzte, die die Diagnose „Hirntod" wie folgt betrachten: „Ein Hirntoter ist nicht tot, er ist ein Sterbender und stirbt auf dem OP-Tisch durch Zutun der Ärzte."

Wird es nicht höchste Zeit für eine breite Diskussion in der Gesellschaft zu diesem Thema?

Nachfolgend möchte ich in diesem Buch verschiedene Aspekte rund um das Thema Organspende ansprechen. Dabei möchte ich nicht nur berichten, was der Empfänger eines Spenderorgans erlebt, sondern auch über den Spender eines Organs sprechen. Was bedeutet denn eigentlich Organspende für ihn?

Dabei geht es mir – wie gesagt – vor allem um die spirituelle Seite dieses Themas, insbesondere auch um die Sicht des esoterischen Christentums. Ich hoffe, dass mit Hilfe dieses Buches eine breitere Diskussion über Organspenden angestoßen wird, bei der auch die Erkenntnisse der traditionellen spirituellen Lehre zur Sprache kommen und gewürdigt werden.

TEIL 1
EINLEITUNG

Eine einseitige Aufklärung

Verantwortung

Dieses Buch ist infolge der Art und Weise, wie der Staat mit Organspenden umgeht, aus einem tiefen Verantwortungsgefühl heraus entstanden. Es geht um eine äußerst einseitige Aufklärung, die aus diesem Grund auch nicht wahrheitsgemäß ist. Der Staat betont nur deren positive Aspekte. Die vielen Fragezeichen, die Argumente, die gegen eine Organspende sprechen – sie alle werden nicht genannt. Warum der Staat das tut – darüber können wir nur rätseln.

Außerdem spricht der Staat in seiner Aufklärungskampagne fortwährend unseren Gefühlsbereich an, mit dem Argument, dass Organspenden doch eigentlich ein Akt der Menschenliebe seien, ohne auch nur ein einziges Mal die vorhandenen Bedenken zu erwähnen. Er suggeriert damit, dass man, wenn man sich gegen eine Organspende entscheidet, im Grunde ein liebloser Mensch ist. Natürlich sagt er das nicht direkt so, aber an dieses Gefühl wird appelliert.[5]

Pim van Lommel, der bekannte Autor des inzwischen in vielen Ländern publizierten Buches „*Eindeloos Bewustzijn*" („*Endloses Bewusstsein*")[6], Kardiologe und Fachmann auf dem Gebiet der Nahtod-Erfahrungen, schreibt: „Die landesweiten Aufklärungskampagnen, die vom Staat und von der niederländischen Transplantationsstiftung durchgeführt werden, um Spender zu werben, sind auffallend einseitig und betonen nur, wie wichtig es ist, dass man sich als Spender meldet, wobei sie Nachdruck auf die Tatsache legen, dass ‚noch immer' Menschen sterben, die auf der Warteliste als Empfänger eines Organs stehen."[7]

Für die meisten Menschen ist es daher auch unmöglich, eine wohlüberlegte Entscheidung für oder gegen Organspende zu treffen: Es fehlt ihnen ganz einfach an einer verlässlichen Aufklärung, die alle Aspekte beleuchtet, die eine Organspende betreffen. Intuitiv spüren die Menschen das aber offensichtlich: Etwa 60% der Holländer haben in der Vergangenheit nicht auf den Brief der Regierung reagiert, der die Frage enthält, ob sie sich als Organspender nun anmelden möchten oder nicht. Man kann einfach „Ja" oder „Nein" eintragen, doch die meisten Menschen haben überhaupt nicht reagiert! Nur 40% haben bisher geantwortet.[8] Bei anderen Anliegen, mit welchen sich der Staat an die Bürger wendet, werden nahezu immer (viel) höhere Prozentsätze an Reaktionen erzielt.

Offensichtlich überkommt uns irgendwie ein gewisses Schaudern, wenn uns die Pistole auf die Brust gesetzt wird und wir eine Antwort auf die Frage geben sollen, ob wir zum Organspender werden möchten oder nicht. Hat das

Organspende

womöglich mit der Tatsache zu tun, dass Menschen intuitiv spüren, dass eine Organspende nicht selbstverständlich ist und es eine ganze Reihe von Argumenten gibt, die uns mit Sicherheit davor zurückschrecken ließen, wenn sie ehrlich auf den Tisch gelegt würden?

Pim van Lommel zieht dann auch folgenden Schluss: „Auf der Grundlage der aktuellen dürftigen und oft einseitigen Aufklärung können die Menschen sich kaum wohlüberlegt dafür entscheiden, sich als Organspender registrieren zu lassen."[9]

Aufklärungskampagnen für Jugendliche und Kinder

Weil es zu wenig Organspender gibt – die Zahl der Verkehrsopfer, die den größten Teil der aktuellen Organspenden abdecken, ist seit Jahren rückläufig[10] – wendet sich der Staat in letzter Zeit auch an die Jugend, um sie dazu zu bewegen, sich als Organspender anzumelden. So flatterte am 14. April 2015 bei 181.629 Jugendlichen ein Brief der Ministerin für Volksgesundheit ins Haus. Sie fragte darin diese Jugendlichen, die im Jahr 1996 geboren und folglich 18 Jahre alt waren, ob sie Organspender werden wollten.

Es stellte sich heraus, dass von diesen Jugendlichen etwa 72% bereit waren, Organspender zu werden. Warum? Im Allgemeinen aus einem oder mehreren der folgenden drei Gründe:

- Weil sie es prima finden, nach ihrem Tod das Leben anderer zu retten.
- Weil sie selbst auch gern ein Spenderorgan bekommen würden, wenn das erforderlich wäre und ihr Leben davon abhinge – das Argument der so genannten Leistung nach dem *Prinzip der Gegenseitigkeit*.
- Weil es ihnen doch mehr ausmacht, was mit ihrem Körper geschieht, wenn sie selbst gestorben sind.

An dieser Argumentation wird deutlich, dass Jugendlichen die Tatsache nicht bekannt ist, dass ein Organspender in vielen Fällen gar nicht tot ist, wenn seine Organe entnommen werden. Er ist zwar für „hirntot" erklärt worden, aber er ist trotzdem (noch) nicht tot: Er befindet sich in einem tiefen Koma und stirbt letztendlich auf dem OP-Tisch während der Entnahme seiner Organe. So berichtet Pim van Lommel, dass mit Eintritt des Hirntods lediglich 3% des Körpers unwiderruflich geschädigt sind, jedoch der Körper zu 97% lebt und am Leben erhalten wird.[11] Wenn den Jugendlichen nur diese eine Tatsache bekannt wäre, würden sie bei ihrer Entscheidung wahrscheinlich zögerlicher sein.

Die Regierung wendet sich aber mit ihren Versuchen, mehr Spender zu werben, nicht nur an 18-jährige, sondern auch an Kinder. So wurden Aufklärungskampagnen an Grundschulen gestartet, bei welchen Nachdruck auf die Bedeutung von postmortalen Organspenden gelegt wird. Pim van Lommel sagt darüber: „Als würden Kinder verstehen, was *nach dem eigenen Tod* bedeutet. Die wahre Bedeutung der Diagnose „Hirntod" und die praktischen

Folgen dieser Diagnose für die Familie eines für hirntot erklärten potenziellen Spenders werden schon von Erwachsenen beim Ausfüllen der Organspende-Erklärung nicht vollständig überblickt."[12]

Doch wenn Erwachsene die Problematik schon nicht richtig erfassen, und daher nicht wirklich die richtige Entscheidung treffen können, wie sollte denn dann erst Kindern und Jugendlichen die Tragweite einer solchen Entscheidung klar sein? Diese Überlegung wirft die Frage auf, warum sich der Staat dennoch an Jugendliche wendet. Die Antwort entpuppt sich als ganz simpel: Weil Jugendliche und Kinder leichter beeinflussbar sind. Weil sie sich leichter auf der emotionalen Ebene ansprechen lassen, mehr als mit Argumenten – und natürlich möchten Kinder mit ihrer unbefangenen Liebeskraft anderen Menschen helfen, wenn es nötig ist. Genau in diese Kerbe schlägt die Regierung. Es gibt zu wenig Spender, und es hat sich erwiesen, dass es in der Praxis unmöglich wird, Erwachsene so weit zu bekommen, dass sie sich in großer Zahl als Spender anmelden, allen Werbekampagnen zum Trotz. Folglich wendet sich die Regierung nun an die Jugendlichen. Ab dem zwölften Lebensjahr darf ein Kind ja einer Organspende nach seinem Tod zustimmen. Doch es darf auch angeben, dass es kein Spender sein will.[13]

Einsamkeit

Mein größter Vorwurf gegen die Aufklärungskampagnen, die an Kinder gerichtet sind, ist aber folgender: Kinder von sieben bis vierzehn Jahren haben – in Bezug auf die Entwicklung eines Kindes hin zum Erwachsenen – die Aufgabe, ihre Fantasie, ihre Verspieltheit und ihre Kreativität zu entwickeln. Es ist die Lebensphase, in der Drachen, Könige, Zwerge und Prinzessinnen in der Fantasie der Kinder eine wichtige Rolle spielen. Werden sie in dieser Phase zu schnell in das abstrakte Denken hineingezwungen (und somit aus ihrer Fantasiewelt gerissen), dann werden sie in ihrem späteren Leben einsame Menschen werden, die nicht imstande sind, sich unkompliziert und spontan Kontakt mit anderen zu erschließen. Zur Kontaktaufnahme mit anderen Menschen braucht man in erster Linie Interesse und spielerische Leichtigkeit, und nicht so sehr Intelligenz. Intelligenz ist nicht die Brücke, die uns mit anderen verbindet. Nicht umsonst bekommen Sozialarbeiter am häufigsten Klagen über Einsamkeit zu hören!

Einsamkeit erweist sich als ein ständig wachsendes Problem. Meiner Erfahrung nach hat das alles mit der Tatsache zu tun, dass wir Kinder zwischen sieben und vierzehn Jahren zu schnell und zu sehr auf die Ebene des abstrakten Denkens ziehen und sie mit Aufgaben belasten, die eigentlich für Erwachsene angemessen sind, aber nicht für Kinder.

Die Tatsache, dass die Regierung nun Kinder auffordert, über Organspenden nachzudenken, bedeutet, dass sie die Kinder damit auf ein Niveau des Denkens (eines Erwachsenen) hebt, das sie aus der Fantasiewelt holt, die für eine gesunde geistige Entwicklung so wichtig ist.[14] Jeder, der sich mit der Entwicklung von Kindern auskennt, wird verstehen, dass es folglich auch für ihre geistige Entwicklung nicht gesund ist, wenn man sie mit dieser Frage konfrontiert. Die Regierung erkennt dies aber leider offensichtlich nicht.

Ein Organspender ist nicht tot, sondern lebt

Jemand, der im tiefen Koma liegt, kann irgendwann für hirntot erklärt werden. Von diesem Moment an wird er nicht mehr als Schwerkranker betrachtet und auch nicht mehr so behandelt, sondern als Spender, dem umgehend die Organe entnommen werden müssen. Er ist dann gemäß dem Wortlaut des Gesetzes zur Organspende ein „beatmeter stofflicher Überschuss".[15] Der im Koma liegende Kranke, der für hirntot erklärt wurde, ist jedoch nicht tot. Es ist korrekter zu sagen, dass er sich im Sterben befindet. Wenn bei jemandem die Augen nicht funktionieren und dieser daher nichts sehen kann, erklären wir ihn doch auch nicht gleich für tot. Dann sagen wir, dass er blind ist. Das gilt auch für jemanden, der einen gelähmten Arm hat und nicht mehr arbeitet – auch diese Person erklären wir nicht für tot, sondern bezeichnen sie als Invalide.

Warum erklären wir dann aber jemanden für tot, dessen Gehirn nicht mehr funktioniert? Im 9. Kapitel werde ich auf dieses Thema ausführlich eingehen. An dieser Stelle möchte ich aber bereits feststellen, dass Organspender, die für hirntot erklärt worden sind, im Grunde nicht tot, sondern nur schwer krank sind und auf dem OP-Tisch sterben.

Der Hausarzt Huib de Ruiter sagt daher ganz unverblümt: „Hirntod – eine glatte Lüge!" De Ruiter berichtet: „Immer wieder passiert es, dass jemand, der für hirntot erklärt wird, nach einiger Zeit wieder aufwacht. Es gab einen Fall, da hatte der Arzt bereits eine Organspende angesprochen, doch die Partnerin verweigerte diese und wollte noch abwarten. Nach einigen Tagen kam der Patient wieder zu sich. Er hatte das Gespräch zwischen dem Arzt und seiner Frau mit angehört."[16] Allein schon dieses Beispiel macht vieles deutlich, denn wie kann ein Toter wieder ins Leben zurückkehren und aufwachen? Wie kann ein Toter das Gespräch zwischen seiner Frau und dem Arzt hören? Das ist durchaus möglich (wie wir inzwischen wissen), wenn jemand im Koma liegt. Dieser Patient war also zu Unrecht für tot erklärt worden. Das ist der Grund, weshalb de Ruiter den Begriff „Hirntod" als Lüge bezeichnet.

Der australische Autor Norm Barber hat ein Buch mit einem sehr vielsagenden Titel „*The Nasty Side of Organ Transplanting*" („*Die üble Seite der Organspende*") geschrieben und als Untertitel Folgendes hinzugefügt: „*The Cannabalistic Nature of Transplant Medicine* („*Die kannibalistische Seite der Transplantationsmedizin*"). Bereits der Titel macht deutlich, dass er die Entnahme von Organen bei einem Menschen, der für hirntot erklärt wurde, als moderne Form von Kannibalismus betrachtet![17]

Ein Zitat aus seinem Buch lautet: „Würden Sie Ihren hirntoten Familienangehörigen, dessen Herz noch warm ist und schlägt, einfach dem Krematorium anbieten? Würden wir unsere Tochter oder Schwester, die für hirntot erklärt ist und noch an der Beatmungsmaschine hängt, mit schlagendem Herzen und einem warmen, weichen Körper in ein Grab hinabsenken? Würden wir dann Erde auf sie schaufeln? Wahrscheinlich nicht. Dennoch suggeriert uns die Transplantationslobby, dass wir unsere Lieben, die sich in einem solchen Zustand befinden, an Chirurgen aushändigen müssen, um ihnen Organe herausschneiden zu lassen."[18]

Ob wir nun mit solchen Aussagen konform gehen oder nicht – Bücher wie die von Norman Barber (er ist nicht der Einzige, der solche weitreichenden Schlussfolgerungen zieht!) fordern eine deutliche Besinnung auf die vielen Aspekte, die mit einer Organspende verbunden sind!

Die Regierung geht bei ihren Aufklärungskampagnen all diesen Fragen und Betrachtungsweisen leider vollkommen aus dem Weg. Daher dürfen diese Kampagnen mit Fug und Recht als „völlig einseitig, lückenhaft und sogar irreführend" bezeichnet werden.[19]

2.

Fühlen Sie sich in Ihrem Urteil und Ihrer Entscheidung frei

Dankbarkeit

Auch wenn nach dem vorangegangenen Kapitel vielleicht ein anderer Eindruck entstanden ist, haben Organspenden natürlich auch positive Aspekte. So berichtet Marielle van Meel, die bereits zweiundzwanzig Jahre mit einer Spenderleber lebt: „Jeden Jahrestag der Transplantation feiere ich groß. In diesem Jahr ganz besonders, da seitdem zweiundzwanzig Jahre vergangen sind. Ich war nämlich damals gerade zweiundzwanzig Jahre alt, als ich diese Spenderleber erhalten habe. Ich denke an dieses kostbare Geschenk, und ich denke in aller Stille an meinen Spender – mit einer Freudenträne."[20]

Kurt Mandelkov, der von einem Spender ein neues Herz bekommen hat, berichtet über jenen Moment, als er nach der Transplantation wieder erwachte: „Das war ein ergreifender Augenblick. Es gibt eigentlich keine Worte dafür, um dieses Gefühl zu beschreiben. Glück, Dankbarkeit, ein Gefühl von Glückseligkeit – es lässt sich eigentlich kein passendes Wort dafür finden. Es gibt nun einmal Situationen im Leben, die sich nicht beschreiben lassen. Eine solche Situation war das damals."[21]

Allein schon diese beiden Beispiele zeigen, dass es viele Menschen gibt, die dank eines Organs, das sie von einem Spender erhalten haben, in Dankbarkeit weiterleben. Sie hatten sich für eine Organspende entschieden und sind dankbar für diese Möglichkeit eines „zweiten Lebens", wie viele das oft nennen.

Andere hingegen sind – auch aufgrund der Überlegungen, die ich im vorangegangenen Kapitel angestoßen habe, zu dem Entschluss gekommen, dass sie selbst kein Organspender werden und daher auch kein Organ bekommen möchten, sollte das aus medizinischer Sicht jemals erforderlich sein (Das Prinzip der „Goldenen Regel der Gegenseitigkeit!").

So schreibt Ineke Koedam in ihrem Buch über Organspende: „Obwohl ich mich persönlich weder dafür entscheide, ein Organ abzugeben, noch eines anzunehmen, fällt dieses Buch betont kein Urteil über getroffene oder zu treffende Entscheidungen." Dieser Aussage fügt sie noch hinzu: „Fragen zu Leben und Tod sind hochgradig intim … [Daher] möchte ich eine breitere Perspektive bieten, damit ein jeder frei von gesellschaftlichem Druck oder Druck aus dem persönlichen Umfeld zu einer bewussten Entscheidung kommen kann."[22]

Auf unser Gewissen hören

Früher bestimmte die Kirche, wie wir leben sollen. So kam der Pfarrer beispielsweise bei den Gläubigen zu Hause vorbei, um zu überprüfen, ob sie denn auch die vorgeschriebenen Regeln einhielten, insbesondere die Vorschriften über Verhütungsmittel, die ja verboten waren. In den Reformierten Kirchen wurden jeden Sonntag die *Zehn Gebote* von der Kanzel gepredigt, um den Gläubigen vorzuschreiben, wie sie zu leben hatten. Die Zeiten solcher Vorschriften, die uns durch andere auferlegt werden, liegen inzwischen gottlob hinter uns.

In der heutigen Zeit müssen wir wieder den Weg nach innen gehen und uns in unserem eigenen Herzen und in unserer eigenen Seele auf die Suche nach Anleitungen begeben, um bei Entscheidung, die von uns gefordert werden, die richtige Wahl treffen zu können. So sehen wir, wie sich unsere Wahrnehmung von außen nach innen verlagert hat. Anstelle von äußeren Vorschriften darf uns nun – so wird es uns gerade bewusst – unser persönliches Gewissen helfen, die richtigen Entscheidungen zu treffen.

Das ist oft nicht so einfach, denn unser Gewissen spricht meist keine direkte, deutliche Sprache. Folglich müssen wir uns bei wichtigen Entscheidungen auch die Zeit nehmen, um nachzudenken und uns die verschiedenen Aspekte bewusst zu machen, um dann langsam eine Entscheidung zu fällen. Dabei kann diese Entscheidung bei jedem Menschen anders ausfallen.

Das ist heute neu: Es gibt keine allgemein gültigen Vorschriften mehr, und ein jeder Mensch wird im stillen Einvernehmen mit seinem eigenen Gewissen entscheiden müssen. Dabei werden wir gegenseitig unsere Entscheidungen aus der tiefen Erkenntnis heraus respektieren müssen, dass nicht alles, was für uns selbst gut ist, auch für den anderen gut sein muss.

So verhält es sich für mich auch bei der Organspende: Jeder soll dabei seine persönliche Entscheidung treffen dürfen, und jede Entscheidung muss respektiert werden.

Treffen Sie Ihre ganz persönliche Entscheidung

Wenn wir unsere persönliche Entscheidung treffen, ist es wichtig, dass wir über die verschiedenen Aspekte nachdenken, die mit einer Organspende verbunden sind, so dass wir eine bewusste, wohlüberlegte Entscheidung treffen können. Das ist auch der wichtigste Grund dafür, weshalb ich dieses Buch geschrieben habe: Um so viele verschiedene Aspekte wie möglich darzulegen, so dass eine wohlüberlegte, bewusste Entscheidung möglich wird. Dabei ist es mir gleich, welche Entscheidung Sie treffen – wenn Sie dabei nur der Entscheidung Ihres Herzens und Ihrer Seele folgen. Dann ist sie immer richtig!

Wohlüberlegte Entscheidungen

Der Arzt und Psychologe Dr. Bernie Siegel arbeitete jahrelang mit schwerkranken Menschen. Er stellte fest, dass seine Patienten, grob gesagt, in drei Gruppen eingeteilt werden konnten:

- 15-20% seiner Patienten wollten bewusst oder unbewusst eigentlich am liebsten sterben.
- Einer viel größeren Gruppe schien vornehmlich daran gelegen zu sein, dem Arzt einen Gefallen zu tun. Sie schluckten treu und brav ihre Pillen und taten im Allgemeinen alles, was der Arzt vorschrieb.
- Die dritte Gruppe, ebenfalls zwischen 15-20%, bezeichnete Siegel als „außergewöhnlich". Sie weigerte sich, sich in die Opferrolle zu begeben, behielt die Zügel selbst in der Hand, informierte sich und wurde sozusagen zu Spezialisten, was ihre eigene Krankheit betraf. So berieten sich diese Menschen gemeinsam mit ihrem Arzt – als wären sie ranggleich mit ihm. Diese Gruppe trifft wichtige Entscheidungen selbst und überlässt sie nicht dem Arzt. Die Teilnehmer wissen oft instinktiv, was sie tun oder lassen müssen. [23]

Seine Untersuchung stammt vom Ende des letzten Jahrhunderts und erfolgte in Amerika. Ich vermute, dass der Prozentanteil der letzten Gruppe seitdem gestiegen ist – immer mehr junge Menschen erleben sich selbst nicht mehr als Opfer, sondern als Individuum mit eigenen Entscheidungsbefugnissen.

Es ist für jeden deutlich, dass der Individualismus in der heutigen Zeit immer ausgeprägter wird. Das hat natürlich zur Folge, dass wir lernen müssen, auch im Falle einer Krankheit das Heft selbst in die Hand zu nehmen und unsere persönlichen Entscheidungen zu treffen – wohlüberlegt oder intuitiv. Gerade das Intuitive ist bedeutsam, denn bei Menschen mit einem starken Innenleben kann man feststellen, dass sie in Krisensituationen auf die Möglichkeit zurückgreifen können, intuitiv die richtigen Entscheidungen zu fällen.

Auch diese Überlegungen zeigen, wie wichtig es ist, über Organspenden nachzudenken, denn am Ende muss schließlich jeder von uns die Entscheidung fällen, ob er Spender werden möchte oder nicht. Es gilt daher, uns die verschiedenen Aspekte davon bewusst zu machen, so dass wir die richtige Entscheidung treffen können! Dieses Buch ist nur als Orientierungshilfe bei dieser Entscheidungsfindung gedacht.

3.

Eine Reihe von Fakten

Organspende und Gewebespende

Bevor wir in den folgenden Kapiteln diverse Aspekte besprechen, die mit Organspenden in Zusammenhang stehen, möchte ich zunächst einmal eine Reihe von Fakten aufzählen, damit deutlich wird, worum es eigentlich geht.

Zuerst gilt es, einen Unterschied zwischen „Organspende" und „Gewebespende" festzuhalten:

- Bei *Organspenden* geht es um *die Nieren, die Leber, das Herz, die Lunge, die Bauchspeicheldrüse und den Darm.* Diese Organe kommen aus einem Körper, der atmet (oder künstlich beatmet wird), in dem das Blut noch zirkuliert und dessen Herz folglich noch arbeitet. Sie können nicht aus dem Körper eines Verstorbenen entnommen werden: Zwanzig Minuten nach dem Tod eines Menschen sind dessen Organe nämlich bereits unbrauchbar geworden – und so schnell kann man jemanden nach dem Eintritt des Todes nun einmal nicht operieren.

Daher hat der Staat den Begriff „*Hirntod*" eingeführt, um auf diese Weise die Organe der Menschen nutzen zu können, die in ein tiefes Koma gefallen sind.

- Bei *Gewebespenden* geht es um *die Hornhaut am Auge (Cornea), die Haut, Knochen- und Muskelgewebe, Blutgefäße und Herzklappen*. Diese Gewebe können auch aus dem Körper eines Menschen entnommen werden, der bereits verstorben ist.

  Es dürfte klar geworden sein, dass Gewebespenden viel weniger Fragen und Bedenken aufwerfen als Organspenden. Bei Gewebeentnahmen ist der Spender ja verstorben. Wird hingegen bei jemandem der „Hirntod" diagnostiziert, so ist dieser in ein tiefes Koma gefallen und folglich zwar im Sterben begriffen, jedoch (noch) nicht tot. Warum der Staat dennoch der Meinung ist, dass Menschen, die in einem tiefen Koma liegen, für hirntot erklärt werden dürfen, werde ich in Kapitel 9 näher erklären.

Mehr Herztransplantationen

Es werden heute mehr Organe benötigt als früher. Nicht so sehr, weil es mehr Menschen gibt, die ein Spenderorgan suchen, sondern weil in vielen Fällen nach einiger Zeit eine erneute Transplantation nötig wird, weil das erste Spenderorgan (Herz, Nieren, Lungen usw.) nicht mehr funktioniert (meist aufgrund von Abstoßung). *Jede dritte Transplantation ist derzeit eine Herztransplantation!* Daher sucht der Staat nach Möglichkeiten, um Zugriff auf mehr Spenderorgane zu bekommen.

Das Spenderpotenzial (Anzahl an Spendern) ist in den Niederlanden europaweit am niedrigsten. Das rührt daher, weil es nur wenige Verkehrsopfer gibt – und die Spender kommen meist aus dieser Gruppe. Die Tatsache, dass es in den Niederlanden so wenig Verkehrsopfer – und folglich Spender – gibt, hängt mit der Einführung der Gurtpflicht, der Höchstgeschwindigkeit, der Helmpflicht (nicht nur für Motorradfahrer, sondern auch für Mofafahrer) sowie dem Alkoholverbot zusammen.

Aufgrund all dieser Maßnahmen ist eine lange Warteliste von Menschen entstanden, die dringend ein neues Organ brauchen. Diese wird natürlich durch die Motivierung zur Organspende bei Lebenden etwas kürzer, wie etwa durch das Abgeben einer Niere oder eines Teiles der Leber, meist durch einen Familienangehörigen.

Spender und Empfänger

Bei Organspenden gibt es – immer, ohne Ausnahme – zwei Seiten, die betroffen sind: Der Spender und der Empfänger. Es ist wirklich wichtig, dass wir erkennen, was eine Organspende für beide Seiten bedeutet und welche Folgen dies für sie hat. Generell liegt das Hauptaugenmerk dabei auf den körperlichen und medizinischen Aspekten, jedoch kaum oder gar nicht auf den geistigen Aspekten. Doch welche Folgen hat dies? Und zwar sowohl für den Spender als auch für den Empfänger?

• Die Folgen der Organspende für den Empfänger

In letzter Zeit erscheinen immer mehr Bücher und Berichte darüber, was die Empfänger eines neuen Organs erlebten, beispielsweise über das Band, das sie innerlich zum Spender entwickelten – obwohl sie diesen gar nicht kannten. Es gibt Erfahrungen über Gefühle, Emotionen und Erinnerungen, die nicht aus dem eigenen Inneren stammen, sondern offensichtlich vom Spender kommen.

Beinahe immer haben die Empfänger eines Spenderorgans das Gefühl, „mit einem anderen Wesen zusammen zu sein". Dadurch sind einige Empfänger eines neuen Herzen sogar geradezu „von dem Verlangen besessen, die Identität ihres Spenders herauszufinden".[24]

Eine Sozialarbeiterin, die ein neues Herz erhalten hatte, erzählte, dass das Organ kurz nach der Operation von ihrem Körper abgestoßen wurde. Daraufhin erhielt sie eine Therapie mit schweren Medikamenten. In dieser Zeit, so berichtete sie, hatte sie das Gefühl, dass in ihrem Körper zwei Seelen einen Kampf ausfochten. „Eine davon war ich selbst", sagte sie, „und die andere war, wie ich vermute, mein Spender, der nicht wollte, dass ich sein Herz bekam." Zu jener Zeit träumte sie, dass ihre Großmutter zu ihr sagte: „Du musst nur lernen, dein Herz zu teilen." Nach diesem Traum begann sie, die Tatsache zu akzeptieren, dass ihr Herz ihr nicht allein gehörte. Ab diesem Moment ging es ihr viel besser.[25]

Dieses Beispiel – das bei weitem nicht das einzige ist – wirft viele Fragen auf. Lebt der Spender gewissermaßen geistig im Körper derjenigen Person weiter, die sein Herz erhalten hat? Bleibt er in diesem Fall nahe bei der Erde, anstelle in die geistigen Welten weiterzuziehen. Tritt nun ein, dass sich der Charakter oder das Wesen des Empfängers verändert, weil dieser nicht mehr allein in seinem Körper lebt, sondern ihn mit einem anderen teilen muss und daher auch ein anderes Wesen (ein anderer Mensch) durch ihn wirkt?

In Kapitel 4 werde ich ausführlich auf diese Fragen sowie auf andere Erfahrungen von Empfängern eines neuen Organs eingehen.

• Die Folgen für den Spender

Über die Folgen einer Organspende für den Spender wird meist gar nicht nachgedacht. „Er ist ja tot und merkt infolgedessen gar nichts mehr", so lautet die übliche Denkweise. Doch wir haben bereits festgestellt, dass der Spender nicht in dem Moment stirbt, der für ihn der richtige, naturgegebene und selbstverständliche Todesmoment gewesen wäre. Er stirbt in dem Augenblick, da der OP-Saal frei ist und die Empfänger – aus medizinischer Sicht – darauf vorbereitet sind, sich einer Transplantation zu unterziehen. Folglich lautet die erste Frage, mit der wir uns beschäftigen müssen: „Welche Folgen hat die Tatsache, dass der Spender nicht zu seiner für ihn bestimmten Todesstunde, sondern zu einem willkürlich festgesetzten, anderen Zeitpunkt stirbt, für sein weiteres Leben nach dem Tod?

Außerdem bleibt der Spender offensichtlich geistig mit dem Organ verbunden, das er abgegeben hat, was aus den oben genannten Erfahrungen der Empfänger deutlich wird. Hat das Einfluss auf die weitere Reise des Verstorbenen, ja vielleicht sogar auf seine nächsten Leben?

Diese und andere Fragen möchte ich hintanstellen und erst in Kapitel 13 besprechen.

Was ein Empfänger mir berichtet hat

Vor einiger Zeit verfasste ich eine Reihe von Artikeln über Organspende und hielt auch Vorträge zu diesem Thema. Offensichtlich schlug ich damit eine emotionale Saite an, denn ich erntete sofort einen regelrechten Sturm von Reaktionen. Regelmäßig erreichten mich Briefe und E-mails von Menschen, die sich selbst einer Transplantation unterzogen hatten. Längst nicht alle äußerten sich positiv über ihre Erfahrungen. So schrieb mir ein Mann, der im Jahr 2007 eine neue Niere erhalten hatte, über seine Erfahrungen. Zunächst legte er mir ausführlich die lange Suche dar, die ihn zu der Spenderniere geführt hatte. So hatte er zunächst jemanden suchen – und finden – müssen, der bereit war, ihm eine Niere abzugeben. Als er diesen Spender gefunden hatte, stellte sich heraus, dass die Niere seines Spenders nicht zu ihm passte. Damals war man gerade in insgesamt drei Fällen auf der Suche nach einem Spenderorgan: Drei Geber (oder Spender) und drei Empfänger. Zwischen ihnen kam eine Vereinbarung zustande, so dass jeder Empfänger die Niere erhalten sollte, die zu ihm passte. „*Cross-over Transplantation*" wurde das genannt.

Am Tag der Operation mussten sechs Operationssäle zur Verfügung stehen: Zwei in Nijmegen, zwei in Utrecht und zwei in Rotterdam. Zuerst wurden bei den drei Spendern die Nieren entnommen. Diese wurden daraufhin in das Krankenhaus gebracht, in dem die Empfänger bereits im OP-Saal lagen und warteten.

Alle sechs Operationen mussten gleichzeitig stattfinden, so dass niemand noch im letzten Moment auf den Gedanken kommen konnte, etwas zu ändern und das ganze Konzept zum Kippen zu bringen. Mein Berichterstatter erzählte auch, dass bei der Hälfte aller Nierentransplantationen eine *Lebendnierenspende* erfolgt, dass also eine lebende Person aus Liebe eine ihrer eigenen Nieren spendet.

Mein E-mail-Korrespondent berichtete auch, dass er sehr vorsichtig geworden sei und anderen Menschen nicht mehr so schnell zu einer Transplantation raten würde. Über einen Zeitraum von acht Jahren hinweg musste er nämlich dreimal eine Abstoßung durchleiden, so dass er lange Zeit mit einer hohen Dosis Prednison behandelt werden musste – kein Zuckerschlecken!

Er wurde in diesen Jahren auch immer wieder stationär ins Krankenhaus eingewiesen – wegen mexikanischer Grippe, Austrocknungserscheinungen, Herzrhythmusstörungen, Medikamentenvergiftung und Diabetes. Sein Fazit lautet daher wie folgt:

- Man muss sich genau darüber im Klaren sein, worauf man sich einlässt, denn eine Transplantation kann auch der Beginn eines Weges sein, auf dem man nichts anderes zu tun hat, als um sein Überleben zu ringen – ist es das wirklich wert?
- Von medizinischer Seite werden die positiven Aspekte einer Transplantation zu sehr in den Vordergrund gerückt.

- Kurzum: Beim Thema Transplantation gibt es ein großes ABER!

  Diesem Bericht stehen natürlich andere, positivere Erfahrungen gegenüber, doch Berichte wie dieser kommen durchaus des öfteren vor, so dass sie nicht unerwähnt bleiben dürfen.

Bluttransfusionen

Bereits mehrmals wurde ich inzwischen gefragt: „Aber wie steht es denn dann mit Bluttransfusionen? Dabei bekommt man doch auch etwas Körperliches – und damit auch etwas Geistiges – von einem anderen Menschen, auch wenn es sich dabei nicht um ein Organ oder Gewebe handelt?" In diesem Fall liegen die Dinge tatsächlich anders: Blut, das wir – beispielsweise bei einer Operation – von einem anderen Menschen erhalten, wird in unserem Körper ziemlich schnell abgebaut, während unser eigener Körper zugleich wieder neues Blut produziert. Das ist natürlich bei Organen oder Gewebe, die uns gespendet wurden, nicht der Fall: Sie bleiben in unserem weiteren Leben ein Fremdelement in unserem Körper.

Übrigens ist diese Frage zu Bluttransfusionen gar nicht so abwegig: In alten Kulturen und in esoterischen traditionellen Lehren wird schon seit Urzeiten berichtet, dass unser Blut der Träger unserer Geisteskraft ist. Aus diesem Grund verweigern sich die *Zeugen Jehovas* beispielsweise noch immer einer Bluttransfusion, auch wenn es ihr Leben kosten sollte. Dies zeigt, dass es in alten Zeiten eine

Sichtweise gegeben hat, die besagte, dass Organe und Blut mehr als nur Materie sind – sie sind auch zutiefst mit unseren Geisteskräften verbunden. In Kapitel 6 werde ich dieses Thema weiter ausführen.

TEIL 2

DIE EMPFÄNGER VON ORGANEN

4.

Die Erfahrungen von Empfängern

Unser Herz kann denken

Es sind inzwischen eine ganze Reihe von Berichten von Empfängern eines Spenderorgans bekannt geworden, die darauf hinweisen, dass mit dem neuen Organ auch geistige Aspekte einhergehen. Dr. Paul Pearsall – er war der Leiter eines klinischen Forschungszentrums an einer großen Klinik in Amerika – kommt aufgrund seiner Forschungen zu dem Schluss, dass das Herz eine eigene Form von Intelligenz besitzt und selbstständig denken kann. Das Herz ist folglich nicht nur Materie, sondern verfügt auch über geistige Kräfte, die es befähigen, selbstständig zu denken. Außerdem hat Pearsall auch nachgewiesen, dass die Zellen unseres Körpers über ein Gedächtnis verfügen, so dass bei einer Organspende nicht nur Materie, sondern auch das Denken dieses Organs sowie die Erinnerungen, die in den Zellen dieses Organs gespeichert sind, transplantiert werden. Um diese Schlussfolgerungen seiner wissenschaftlichen Studie zu belegen, führt er eine Reihe von Beispielen an.

Beispielsweise *den Fall eines Vegetariers, der plötzlich begann, Fleisch zu essen*: Ein junger Mann, der Vegetarier war und sehr bewusst lebte, erhielt ein neues Herz. Nach der Transplantation begann er plötzlich, mit Leidenschaft Fleisch und Fett zu essen, was er vor der Operation verabscheut hatte. Außerdem war er Fan von Heavy Metal Musik, doch nach seiner Operation wollte er nur noch Rock'n Roll hören. Später, als er herausgefunden hatte, von wem er sein neues Herz bekommen hatte, stellte sich heraus, dass sein Spender für sein Leben gern Fleisch und Fett gegessen hatte und ein Fan von Rock'n Roll-Musik gewesen war.[26] Für diesen jungen Mann war klar: er hatte nicht nur ein neues Herz bekommen, sondern mit diesem Herzen waren auch andere Gefühle, Vorlieben und Emotionen mitgekommen. Ein Teil des Geistes seines Spenders lebte also offensichtlich in ihm weiter.

Das Herz, das seinen eigenen Mörder fand

Pearsall berichtet auch von einem Fall, den eine Psychiaterin auf einem Kongress vorgetragen hatte, den er organisiert hatte. Sie erzählte: „Ich habe eine Patientin, ein achtjähriges Mädchen, das das Herz eines zehnjährigen Mädchens erhalten hatte, das ermordet worden war. Ihre Mutter kam mit ihr zu mir, weil sie nachts zu schreien begann. Sie träumte von dem Mann, der ihre Spenderin ermordet hatte. Die Mutter sagte, dass ihre Tochter wusste, wer dieser war. Nach mehreren Sitzungen konnte ich einfach nicht mehr leugnen, dass das Kind mir die Wahrheit erzählte. Ihre Mutter und ich beschlossen, zur Polizei zu gehen. Anhand der Personenbeschreibung, die das kleine Mädchen gab, haben sie den Mörder gefunden. Er konnte aufgrund der Beweise, die meine Patientin erbrachte, leicht überführt und verurteilt werden. Die Tatzeit, die Waffe, der Tatort, die Kleidung, die er getragen hatte – alles, was das Mädchen über ihn gesagt hatte, stimmte absolut."[27] Pearsall überschreibt diese bewegende Geschichte mit dem Titel: „Das Herz, das seinen eigenen Mörder fand."

Pearsall schildert Folgendes: „Nachdem die Psychiaterin ihre Erfahrung berichtet hatte und auf ihren Platz zurückgekehrt war, blieb es still in dem Saal, der voll besetzt mit wissenschaftlich ausgebildeten und erfahrenen Ärzten war. Ich hörte Menschen weinen und sah, dass die Ärzte in der ersten Reihe Tränen in den Augen hatten (…) Im Gegensatz zu sonst gab es diesmal keine Äußerungen von Zweifel oder Skepsis. Die sehr reale Wahrscheinlichkeit, dass das Herz ein Gedächtnis mit eigenen Erinnerungen besitzt, schien jeden tief im eigenen Herzen zu berühren."

Die Frau, die das Herz einer Prostituierten bekam

Die Informationen, die mit den Organen und Zellen der Organe einhergehen, decken alle Bereiche des Lebens ab und haben starken Einfluss auf das weitere Leben des Transplantierten. Um dies zu verdeutlichen, möchte ich ein drittes und letztes Beispiel von Pearsall zitieren.

Es handelt sich um eine 35-Jährige Frau, die das Herz

einer Prostituierten erhielt. Sie erzählte: „Ich hatte niemals im Leben besonderes Interesse an Sex. Ich hielt nicht viel davon. Verstehen Sie mich nicht falsch – mein Mann und ich hatten sehr wohl ein Sexualleben, doch das nahm keinen großen Platz in unserem Leben ein. Nun fordere ich meinen Mann bis zur Erschöpfung. Ich will jeden Abend Sex und befriedige mich manchmal zwei- bis dreimal am Tag selbst. Ich ekelte mich früher immer vor Sexfilmen, aber jetzt bin ich ganz wild darauf. Ich fühle mich manchmal wie eine Hure, und wenn ich in Stimmung bin, lege ich vor meinem Mann einen Striptease hin. Das hätte ich vor meiner Operation niemals getan (…) Ich habe herausgefunden, dass meine Spenderin eine junge Studentin war, die als Oben-ohne-Tänzerin und Call-Girl gearbeitet hatte (...) Mein Mann sagt, dass ich nicht die Frau bin, die er damals geheiratet hat, aber dass er mich trotzdem gern wieder heiraten würde.“[28]

Das ist natürlich schon ein besonders eklatantes Beispiel: Die ganze Lebenseinstellung dieser Frau zum Thema Sexualität hat sich verwandelt – und erleben wir gerade die Sexualität nicht als etwas ganz Persönliches und Intimes? Die geistigen Kräfte, die mit einem Spenderorgan einhergehen, können folglich sogar eine derart persönliche Lebenseinstellung verändern. Die Frau suchte einen Psychiater auf, um über diese einschneidenden Veränderungen mit jemandem sprechen zu können. Er meinte, dass dies sowohl die Folge der Medikamente als auch der Tatsache geschuldet war, dass ihr Körper durch die Transplantation um vieles gesünder geworden war. Doch das überzeugte sie nicht. Sie sagt: „Ich denke, dass ich den Sexualtrieb meiner Spenderin übernommen habe, und mein Mann denkt das auch."

Die Spenderin hinterließ dieser Frau, die ihr Herz bekam, also etwas ganz Besonderes: Ihr intimes Erleben von Sexualität. Dabei handelt es sich natürlich um einen ganz wesentlichen Teil von uns selbst, so dass die Frage gerechtfertigt ist, ob die Spenderin dadurch, dass sie diesen Teil ihres Wesens zurückgelassen hat, immer wieder zur Erde zurückgezogen wird und somit auf ihrer Reise durch die geistigen Welten Schwierigkeiten hat?

Fazit

Pearsall führt insgesamt dreiundsiebzig Fallbeispiele dafür an, was sich infolge einer Herztransplantation ereignet hat: Es stellte sich heraus, dass immer ein Teil der Persönlichkeit des Spenders mit übertragen wurde. So kam er zu den Schlussfolgerungen, die ich weiter oben bereits ausgeführt habe:

- Unser Gehirn ist nicht der einzige Sitz der Intelligenz – auch unser Herz kann denken.
- Unser Körper besteht aus Zellen, die Informationen gespeichert haben: Das so genannte „Zellgedächtnis". Dieses Gedächtnis sendet – auch wenn das Organ in der Zwischenzeit in einen anderen Körper verpflanzt wurde – weiterhin „alte" Informationen aus.

Leben mit dem eigenen Organspender

Die Amerikanerin Claire Sylvia, eine 48-jährige Frau, erhielt eines Tages ein neues Herz und neue Lungen, beides vom selben Spender.

Claire ist eine spirituelle Frau, die regelmäßig meditiert. Dadurch hat sie gelernt, sorgfältig darauf zu lauschen, was in ihrem Inneren mit ihr geschieht.[29]

Gleich nach der Transplantation nimmt sie vier Veränderungen wahr:

- Sie hat direkt nach der Operation das Gefühl, dass jemand anders bei ihr ist. Es fühlt sich für sie sogar so an, als würde eine zweite Seele in ihr leben. Oder, wie sie es selbst formuliert: „Ich erlebe in mir die Gegenwart eines anderen Wesens."

- Sie merkt, dass ihre Gefühle intensiver und stärker sind als vorher, weshalb sie, anders als früher, stärker auf alles reagiert.

- Sie entwickelt auch andere Gewohnheiten: Als sie direkt nach der Operation gefragt wurde, wonach ihr der Sinn stünde, verlangte sie zu ihrer eigenen Verwunderung nach Bier. Und das, obwohl sie niemals Bier getrunken hatte und sich nichts daraus machte. Nun sehnte sie sich förmlich nach einem Glas Bier.[30]

- Auch andere Vorlieben veränderten sich: So hatte sie beispielsweise plötzlich Lust auf Chicken-Nuggets und grüne Paprika. Vor allem Letzteres, das Verlangen nach grünen Paprikas, erschütterte sie: Sie hatte niemals Lust darauf gehabt, sondern im Gegenteil sogar einen großen Ekel davor verspürt!

- Sie merkte auch, dass ihre Widerstandskräfte zuge-
nommen hatten: Sie war viel aktiver als früher. Das
hatte ihrer Meinung nach nicht nur mit der Tatsache
zu tun, dass sie nun viel gesünder war. Sie war beispielsweise nach der Operation auch mit einem Male
die Migräne losgeworden, unter der sie jahrelang ge-
litten hatte. Sie stellte fest, dass dies daher rührte, dass
sie nun viel aktiver im Leben stand und mehr Kraft
hatte, für sich selbst zu sorgen.

Auf der Suche nach ihrem Spender

Fünf Monate nach der Transplantation hatte sie einen ein-
drücklichen Traum: Sie begegnet auf einer Wiese einem
jungen Mann, Tim L., wie sie ihn im Traum nennt. Er ist
schlank, muskulös und hat sandfarbenes Haar. Sie gehen
wie gute Freunde miteinander um. Doch als sie sich ver-
abschiedet haben und sie weggeht, läuft sie plötzlich nochmals zurück zu Tim und küsst ihn. Dann erklärt Claire:
„Und während ich ihn küsse, atme ich ihn ein. Es fühlt
sich an wie der tiefste Atemzug, den ich je genommen
habe – und ich weiß in diesem Moment, dass Tim und ich
für immer und ewig zusammenbleiben werden."

Als sie erwacht – noch immer ganz benommen von dem
Gefühl, dass sie soeben wirklich den tiefsten Atemzug
ihres Lebens genommen hat, erkennt sie plötzlich einige
Dinge (sie ist bereits seit Jahren mit der Traumsymbolik
vertraut):

„Tim ist mein Spender. Er und ich sind durch die Transplantation für alle Ewigkeit miteinander verbunden worden. Dieser Atemzug – Atem ist ja das Symbol für die Seele – bedeutet, dass ich das Wesen von Tim tief in mich aufgenommen habe, und dass er nun in mir weiterlebt."[31]

Nach diesem Traum macht sie sich auf die Suche nach ihrem Spender – nach Tim. Das ist nicht einfach, denn das Transplantationszentrum weigert sich, ihr zu sagen, wer ihr Spender ist: Diese Geheimhaltung gehört zum Standard-Procedere (und dient natürlich zugleich auch dem Schutz der Familie des Spenders). Jemand rät ihr, alte Todesanzeigen aus der Zeit um ihre Transplantation herauszusuchen – und in der Tat: Sie entdeckt auf diese Weise, wer ihr Spender ist. Es ist Tim L., der im Alter von achtzehn Jahren bei einem Motorradunfall ums Leben kam. Sie nimmt mit seiner Familie Kontakt auf – die sie von diesem Moment an als ihre „Herzensfamilie" bezeichnet. Alle Veränderungen, die sie nach der Transplantation erlebt hat, stellen sich als wahr heraus: Tim liebte Bier, grüne Paprikas, Chicken-Nuggets, war aktiv und kontaktfreudig.

Fazit

Für Claire war klar:

- Ein Organ ist nicht nur Materie (wie die heute gängige Meinung lautet), sondern es ist auch von den Geisteskräften des Menschen durchzogen, in dessen Körper es lebt.

- Man kann sogar sagen (laut Claire), dass unsere Seele in unseren Organen lebt: Unsere Organe sind beseelt.
- Diese Organe sind auch Träger unserer Erinnerungen. Sie enthalten die Zellerinnerungen des Menschen, zu dem sie gehören (oder gehört haben).

5.

Beispiele für Seelenverstrickungen

Dein Herz gehört jetzt mir!

Claire Sylvia – über die ich im vorangegangenen Kapitel berichtet habe – hat eine Begegnungsgruppe für Menschen eingerichtet, die, ebenso wie sie selbst auch, ein neues Herz erhalten haben. Einerseits sollte diese Gruppe als Gesprächskreis dienen, um Erfahrungen auszutauschen und miteinander zu teilen, andererseits wollte sie die Träume von Herztransplantations-Patienten studieren und Einblick in deren emotionale Reaktionen bekommen.

Sie hatte freilich auch selbst ein persönliches Bedürfnis nach einer solchen Gruppe, weil sich Menschen, die nicht selbst ein neues Herz erhalten haben, ihrer Meinung nach nicht wirklich hineinversetzen können, welche Gefühle und Emotionen Herztransplantations-Patienten durchleben. Daher wollte sie sich gern mit Schicksalsgenossen treffen, mit welchen sie ihre Erfahrungen teilen konnte.

Doch vor allem wollte sie wissen, ob die anderen auch solche eindringlichen Träume über – oder von – ihrem

Spender gehabt hatten, wie sie selbst durch ihren Traum von Tim.

Bei den Unterhaltungen im Gesprächskreis fiel auf, dass die Anwesenden sich selber lieber nicht als Empfänger bezeichneten, sondern als Transplantierte. Das rührte daher, weil sie das Gefühl hatten, dass das Herz, das sie nun hatten, im Grunde nicht ihr eigenes Herz war, sondern dass sie es von einem andern Menschen bekommen hatten, dem es in der Tat immer noch gehörte. Dennoch mussten sie versuchen, dieses fremde Herz irgendwie zu ihrem eigenen zu machen. Folglich wollten sie sich nicht mehr als Empfänger betrachten, sondern einfach als Transplantierte.

Für die meisten Teilnehmer der Gruppe war das nicht leicht. So sprach Mary, eine der Teilnehmerinnen, ihr Herz ab und zu in einem schroffen, unzweideutigen Tonfall an: „Du gehörst jetzt mir. Du hast einem anderen gehört, aber jetzt gehörst du mir."

Allein schon dieses Beispiel zeigt, wie stark die Transplantierten spüren, dass eine andere Wesenheit in ihnen lebt. Jeder Teilnehmer der Gruppe betrachtete das neue Herz dementsprechend auch als die Verkörperung eines anderen Wesens. Daher haben die Empfänger eines Spenderherzens auch manchmal das Gefühl, dass sie einen inneren Kampf ausfechten müssen, um dieses neue Herz auch wirklich zu ihrem eigenen zu machen. Das gelingt nur, so stellte sich heraus, wenn sie akzeptieren, dass sie *ihr neues Herz mit einem anderen Wesen, das in ihnen gegenwärtig ist, teilen müssen.* Claire stellte fest, dass es den Transplantierten gleich viel besser ging, wenn ihnen dies gelang.

Das Spenderherz muss geistig wachsen

Thomas, ein 40-jähriger Mann, bekam das Herz eines New Yorker Teenagers. Sehr wahrscheinlich war sein Spender ein schwarzer Jugendlicher. Es fiel auf, dass er sich nach der Operation stark verändert hatte: Vor seiner Operation war er immer schüchtern und introvertiert gewesen. Doch nun war er ständig am Reden. Er schien sich ganz in ein großes, ausgelassenes, redseliges Kind von neun Jahren im Körper eines Mannes verwandelt zu haben. Im Laufe der Zusammenkünfte des Gesprächskreises sahen die anderen Teilnehmer ihn wirklich gleichsam langsam aufwachsen. „Es schien", so schrieb Claire, „als würde er vor unseren Augen allmählich erwachsen werden." Dadurch erhielt Thomas langsam seine frühere Reife wieder zurück.

Das ist schon eine beeindruckende Feststellung. Doch was geschieht hier eigentlich? Die geistigen Kräfte des schwarzen Teenagers überwiegen nach der Operation deutlich: Der introvertierte, schüchterne Thomas weicht in den Hintergrund zurück, und die Herzenskräfte des schwarzen Teenagers übernehmen die Oberhand. Doch langsam können die Herzenskräfte sich im Körper von Thomas weiterentwickeln. Unter dem Einfluss der eigenen geistigen Kräfte von Thomas machen diese Herzenskräfte eine schnelle geistige Entwicklung durch und entfalten sich vom Niveau eines Teenagers zu dem eines erwachsenen Mannes.

Ich könnte es vielleicht auch so formulieren: Wir erkennen an diesem Beispiel, wie die geistigen Kräfte des Teenagers sich weiter entwickeln und langsam von den Geisteskräften von Thomas durchwirkt werden. Wahrscheinlich können wir es folgendermaßen betrachten: Die beiden so unterschiedlichen Geisteskräfte verwickeln sich ineinander und werden in gewisser Weise eins.

Diese Verstrickung der Geisteskräfte von Thomas und dem New Yorker Teenager, seinem Spender, wird von Marieke de Vrij als „Seelenverstrickung" bezeichnet.[32] Nun können wir auch verstehen, warum Claire Sylvia in ihrem Traum über ihren Spender Tim gespürt hat, dass sie und Tim für alle Ewigkeiten miteinander verbunden worden sind!

Ein rührendes Detail in der Geschichte von Thomas ist Folgendes: Nach seiner Transplantation fühlte er sich viel wohler unter schwarzen Menschen. Eines Tages fühlte er sich zu einer schwarzen Frau hingezogen – und das zum ersten Mal in seinem Leben! Auch Nachrichtenmeldungen, bei welchen es in irgendeiner Hinsicht um schwarze Menschen ging, zogen seine Aufmerksamkeit an, während er sich vor seiner Transplantation niemals derartige Reportagen angehört hatte.

Seit der Transplantation hatte sich auch sein Vokabular verändert. Er begann gelegentlich zu fluchen, auch im Beisein seiner Frau, worüber er sich schrecklich schämte. Sein Sprachgebrauch erinnerte ihn an seine Zeit bei der Armee, als er etliche vulgäre Worte benutzt hatte. Er sagte darüber: „Ich glaube, dass der Geist meines Spenders noch immer in meiner Nähe ist und in diesem Sinne noch immer weiterlebt."[33]

Eins werden mit dem eigenen Spender

Mario war ein energiegeladener Schiffsbauer um die fünfzig Jahre. Nach seiner Herztransplantation sah er regelmäßig ein beunruhigendes Bild, das ihn richtiggehend hartnäckig verfolgte. Direkt unter der Decke sah er das Bild eines Gesichtes schweben. Robbie – der Therapeut der Gruppe – forderte ihn auf, das Gesicht zu rufen. Als es erschien, half Robbie ihm, das Gesicht nach unten zu ziehen, immer näher an sein eigenes Gesicht heran, bis beide Bilder miteinander verschmolzen. Danach tauchte dieses mysteriöse Gesicht niemals mehr auf, und Mario hatte das Gefühl, dass er das neue Organ nun vollständig in seinen Körper integriert hatte.

Auch dies ist ein eindrucksvolles Beispiel für die Seelenverstrickung, die zwischen dem Spender und dem Empfänger entsteht – und die auch entstehen muss, wenn der Empfänger in Frieden weiterleben möchte, ohne das Gefühl eines fortwährenden inneren Kampfes, unter dem viele Organempfänger leiden.

Die Frage, die durch diese Beispiele aufgeworfen wird, lautet: Welche Folgen hat diese Seelenverstrickung für den Spender und für den Empfänger? Hat sie Einfluss auf ihre nächsten Leben, und wenn ja, auf welche Weise? Auch über solche Fragen müssen wir nachdenken, bevor wir uns für oder gegen eine Organspende entscheiden.

Lieber kein zweites Mal mehr

Worunter alle Transplantierten der Gruppe zu leiden schienen, war die Tatsache, dass die Menschen in ihrem eigenen Umfeld ihnen immer wieder vorhielten, dass sie dankbar sein sollten. „Aber", so sagte Claire Sylvia, „wir fühlten uns nicht immer dankbar. Einen Großteil der Zeit fühlten wir uns grottenschlecht, verwirrt oder ängstlich." Ein anderer Teilnehmer des Gesprächskreises sagte: „Ich habe es so verdammt satt, dass sie mir immer und ewig vorhalten, dass ich von Glück sagen kann, dass ich noch lebe. Ich fühle mich einfach schrecklich! Ich bin immer noch damit beschäftigt, die Phase zu verarbeiten, in der es mich die größte Mühe gekostet hätte zu sterben!"[34]

Eines der Mitglieder der Gruppe, Dorothy, bekam eines Tages Probleme mit dem Herz und mit der Lunge, die sie von einem Spender erhalten hatte. Es stellte sich heraus, dass nur eine neue Transplantation sie retten konnte. Sie entschied sich jedoch dagegen. „Ich glaube, dass es beim zweiten Mal eigentlich noch schlimmer ist. Jeder denkt, dass es einfacher sein wird, aber das ist nicht so. Diesmal bin ich mir voll und ganz bewusst, was ich alles durchmachen muss." Wenige Wochen später starb sie.[35]

6.

Die Erinnerungen unserer Organe

Unsere Organe speichern unsere Erinnerungen

In diesem Kapitel möchte ich deutlich machen, wie es möglich ist, dass mit Organen, die transplantiert wurden, auch andere, und zwar geistige Kräfte, wie etwa Gefühle und Erinnerungen, mit übertragen werden. Wir werden auch erkennen, welche spezifischen Erinnerungen zu welchem Organ gehören und welche spezifischen Geisteskräfte mit einer Transplantation einhergehen.

Die Tatsache, dass bei einer Transplantation mit einem Organ auch bestimmte Erinnerungen mit übertragen werden, ist in letzter Zeit anhand der vielen Berichte, in welchen Transplantierte dies mitgeteilt haben, mehr als deutlich geworden. In den beiden vorangegangenen Kapiteln habe ich bereits eine Reihe von Beispielen dazu angeführt. Man denke an das Beispiel des Mädchens, das Erinnerungen an ihren Spender vor Augen geführt bekam, und zwar in Form von Bildern vom Mörder ihrer Spenderin. Dieser konnte, wie wir sahen, infolge ihrer Angaben festgenommen und verurteilt werden. Das bedeutet folglich, dass bei einer Transplantation in jedem Fall ein Teil der Erinnerungen des Spenders mit übertragen wird. Aber wie ist das möglich?

Die Struktur des Menschen

Um dies darzulegen, muss ich zunächst einmal kurz auf den Aufbau und die Struktur des Menschen eingehen.

Der Apostel Paulus erzählt in einem seiner Briefe, die in die Bibel aufgenommen wurden, dass ein Mensch aus Körper, Seele und Geist besteht.[36] Im esoterischen Christentum ist diese Dreiteilung zu einer Vierteilung erweitert worden (die auch früher in den alten Mysterientraditionen bereits bekannt war). Laut dieser Vierteilung besteht ein Mensch aus einem physischen Körper, einem Ätherleib, einem Astralleib und einem Geist oder dem „Ich".[37] (Eine ausführliche Erläuterung der Struktur des Menschen findet sich im Anhang 1 zu diesem Buch).

Nun ist unser Ätherleib ja der Träger unserer Erinnerungen. Doch was ist der Ätherleib eigentlich? Um das zu verstehen, müssen wir den Unterschied zwischen einem toten und einem schlafenden Körper betrachten. Ein toter Körper besteht lediglich aus einem physischen Körper. Doch ein schlafender Körper hat neben dem physischen Körper auch noch einen Ätherleib. Der Ätherleib besteht aus lebensspendenden Energien, die den physischen Körper am Leben erhalten.

Stellen Sie sich vor, wie diese heiligen Energien, die im Osten „Prana" genannt werden, im Westen „Lebenskräfte"

oder „Atem Gottes", fortwährend unseren inneren Vital-
strom und damit unseren physischen Körper am Leben
erhalten.[38] Dieser Strom von Lebensenergien nimmt dabei die Form unseres physischen Körpers an, wobei dieser geistige Körper etwas größer ist als unser physischer
Körper.

Hellsichtige nehmen diesen Ätherleib als blau-graue
Hülle (oder Lichtstrom) um unseren physischen Körper
herum wahr. Doch auch wir selbst können ganz leicht
lernen, den Ätherleib eines Baumes oder Strauches wahrzunehmen. Versuchen Sie einmal in der Morgen- oder
Abenddämmerung einen Baum oder Strauch zu fixieren;
oder versuchen Sie, auf eine Stelle direkt neben diesem
Baum oder Busch zu starren. Wahrscheinlich werden Sie
dann plötzlich einen grauen Strom (oder eine Hülle) um
den Baum oder Strauch herum wahrnehmen. Was Sie da
sehen, ist der Ätherleib dieses Strauches oder Baumes.
Ich persönlich finde es immer inspirierend festzustellen,
dass es keine abstrakte Theorie ist, über einen Ätherleib
zu sprechen, weil dieser eine Realität darstellt, die wahrge-
nommen werden kann.

Der Ätherleib ist der Speicher
unseres Gedächtnisses

Der Ätherleib ist der Träger unseres Gedächtnisses: Er
beinhaltet sowohl das Kurzzeit- als auch das Langzeitgedächtnis. Alle Ereignisse in unserem Leben, alle Erfahrungen oder Wahrnehmungen werden zunächst im Kurzzeit-

gedächtnis als Erinnerung gespeichert. Von da aus sinkt ein Teil dieser Erinnerungen langsam hinab in das Langzeitgedächtnis.[39] Dort werden diese Erinnerungen dann endgültig gespeichert. Gefühle bleiben meist im Kurzzeitgedächtnis hängen und verblassen dann allmählich. Versuchen Sie einmal, zurückzudenken und zu überlegen, was Sie genau vor einer Woche um diese Zeit getan haben. Es ist gar nicht so leicht, sich wieder daran zu erinnern. Meist gelingt das nur über einen Umweg, indem man sich nämlich bewusst macht, was man in der vorangegangenen Woche um diese Zeit getan hat und wo man gewesen ist. Erst dann können wir uns meist auch wieder an die Gefühle erinnern, die wir in dieser Situation erlebt haben.

Insbesondere die Erinnerungen an konkrete Ereignisse werden im Langzeitgedächtnis gespeichert. Doch wo finden wir dieses Langzeitgedächtnis? Tief unten im Ätherleib, und zwar dort, wo die ätherischen Energien unsere Organe durchdringen. Unsere Erinnerungen werden auf der Oberfläche unserer Organe gespeichert – in deren Ätherleib. Nicht nur unser physischer Körper hat einen Ätherleib, auch jedes unserer Organe hat einen eigenen Ätherleib. In unserem Körper fließen diese Ätherleibe der Organe ineinander über und bilden gemeinsam den menschlichen Ätherleib. Werden jedoch Organe transplantiert, dann geht ihr eigener Ätherleib (zumindest ein Teil davon) mit allen Erinnerungen, die er beinhaltet, mit in den neuen Körper über, in den sie verpflanzt werden.[40]

Das Gedächtnis der verschiedenen Organe[41]

Alle Organe haben eine spezifische Speicherfunktion. So speichert unser Herz andere Erinnerungen als unsere Lungen, unsere Nieren oder unsere Leber. Wir können also durchaus von Herzenserinnerungen, Lungenerinnerungen, Nierenerinnerungen und Lebererinnerungen sprechen.

- So speichert der Ätherleib *unserer Nieren* alles, was mit *festen Gewohnheiten* zu tun hat.
- Der Ätherleib *unserer Leber* speichert alles, was mit *unseren Stimmungen* zu tun hat.
- Der Ätherleib *unserer Lungen* speichert alles, was mit *Fakten* zu tun hat.
- Der Ätherleib *unseres Herzens* speichert alles, was mit *moralischen Werten* oder mit den ethischen Aspekten dessen, was wir getan oder gesagt haben, zu tun hat.

Welche Energien gehen mit transplantierten Organen einher?

Lassen Sie mich noch etwas näher beleuchten, welches die spezifischen Geisteskräfte der Organe sind, die regelmäßig transplantiert werden. Das ist sinnvoll, denn dann können wir auch verstehen, welche Konsequenzen das für die Empfänger eines Spenderorgans haben muss.

Beginnen wir mit den *Nieren:* Was ist kennzeichnend für ihre Energie?

Die Nieren haben mit *Kommunikation* zu tun, und zwar in folgender Hinsicht:

- Wenn jemand imstande ist, mit anderen Menschen offen umzugehen und sich dabei emotional verletzbar zu zeigen, dann hat das eine positive, anregende Wirkung auf seine Nieren.
- Im Ätherleib der Nieren sind auch Erfahrungen aus früheren Leben im Bereich der Kommunikation gespeichert. Diese (unbewussten) Erinnerungen können hemmend oder geradezu inspirierend auf unsere Kommunikationsfähigkeit und damit auf die Nierenfunktionen wirken.
- Die Nieren werden geschwächt, wenn man sich unverstanden oder einsam fühlt und nicht weiß, wie man andere Menschen erreichen kann. Diese Gefühle stehen einer unbefangenen Kommunikation mit anderen Menschen natürlich im Weg.

Eine Nierenerkrankung zwingt uns dazu, über unseren Umgang mit unseren Mitmenschen nachzudenken und uns bewusst zu werden, was wir verändern oder verbessern können. Wenn uns diese kranke Niere bei einer Transplantation entfernt wird, verlieren wir dadurch auch die damit verbundenen Lektionen, die wir auf dem Gebiet der Kommunikation in diesem Leben mit auf den Weg bekommen haben. Außerdem hat das Geschenk einer neuen Niere auch Einfluss auf die Fähigkeit zu kommunizieren. Der Empfänger erhält mit der neuen Niere auch andere Impulse in diesem Bereich. Daher ist es gut möglich, dass er nach der Transplantation mit Menschen anders umgeht als vorher, je nachdem welche ätherischen Energien mit der Niere mit übertragen wurden.

Welche Folgen hat eine Lebertransplantation für den Empfänger?

Die Leber speichert *alle Erinnerungen, die noch verarbeitet werden müssen.* Wird die Leber mit zu vielen unverarbeiteten Erfahrungen belastet, gerät sie aus dem Gleichgewicht und wird krank. Leberprobleme fordern uns also dazu heraus, die unverarbeiteten Lebenserfahrungen im Nachhinein nochmals mit anderen Augen zu betrachten, zu verarbeiten und loszulassen. So betrachtet, ist eine Transplantation – aus geistiger Sicht – nicht immer eine gute Lösung, weil das wesentliche Problem (das Zuviel an unverarbeiteten Erfahrungen) damit nicht gelöst wird.

Außerdem beginnen nach einer Transplantation die Verarbeitungsprogramme des Spenders und des Empfängers durcheinander zu laufen. Wenn Ihnen Ihre eigene kranke Leber entfernt wurde, können Sie danach kaum mehr Verbindung mit den unverarbeiteten Dingen herstellen, die Sie eigentlich noch selbst hätten erkennen sollen. Das bedeutet, dass es viel schwieriger geworden ist, die eigenen „Hausaufgaben" im Leben zu erfüllen oder die „unerledigten Geschäfte" in Angriff zu nehmen, wie Elisabeth Kübler-Ross diese unverarbeiteten Lebenserfahrungen nannte.

Zudem ist es so, dass mit dem Ätherleib der neuen Leber auch unverarbeitete Erfahrungen des Spenders mitkommen. Das bedeutet, dass es der Transplantierte mit Gefühlen zu tun bekommt, die gar nicht zu ihm, sondern in das Leben des Spenders gehören! Daher können wir sagen, dass durch die Transplantation die Verarbeitungsprogramme des Spenders und des Transplantierten durcheinander geraten.

Welche Folgen ergeben sich nach einer Lungentransplantation?

Das Ausmaß, in dem es ein Mensch wagt, seinen Platz auf Erden einzunehmen, hat direkten Einfluss auf den Ätherleib der Lungen und damit auf die Lungen selbst. *Einzuatmen bedeutet nämlich auch das Einatmen und Aufnehmen von Lebensraum.* Wagt man es nicht so sehr, diesen Lebensraum gut auszufüllen und Aufmerksamkeit auf sich zu ziehen, dann hat das einen schwächenden Effekt auf die Lungen. Man wagt es ja nicht, kräftig einzuatmen.

Anhand des Beispieles von Claire Sylvia (siehe Kapitel 4) können wir das auf eindrucksvolle Weise feststellen: Nach der Lungen- und Herztransplantation fühlt sie sich viel stärker und wagt es, deutlich auszusprechen, was ihre Meinung ist. Dadurch verschwindet auch ihre Migräne. Später stellt sich heraus, dass ihr Spender stärker im Leben stand als sie selbst und wie selbstverständlich den Raum beanspruchte, den er brauchte. Es ist diese Geisteskraft, die ihr zusammen mit ihrer Spenderlunge mit übertragen wurde und die Claire in diesem Bereich zu einer anderen Persönlichkeit gemacht hat.

Einzuatmen bedeutet auch, Gedanken aus dem Kosmos in sich aufzunehmen oder, wenn man nicht tief genug einatmet, sich im Gegenteil davon abzuschirmen: Einsichten, Intuitionen und Ideen werden ebenfalls über unsere Lungen aufgenommen. Das hängt mit der spannenden Tatsache zusammen, dass die Lungen nicht nur Atemhol-Organe sind, sondern in der Tat auch Organe, die Nahrung (aus der Luft oder dem Kosmos) aufnehmen und unseren Körper damit nähren. Gerade weil die Lungen auch Organe sind, die für kosmische Nahrung sorgen, kommt es regelmäßig vor, dass Menschen mit einer chronischen Lungenerkrankung sehr stark abmagern. *Die klassische Schulmedizin hat bis heute auch keine Erklärung dafür, weshalb Menschen mit einer chronischen Lungenerkrankung so extrem abmagern.*[42]

Lungenerkrankungen konfrontieren uns folglich mit der Frage, ob wir es wagen, genügend Raum einzunehmen, und ob wir offen genug für Inspirationen aus dem Kosmos sind (und folglich auch den Mut haben, unbefangen, frei und offen zu leben, um diese Inspirationen auch zulassen zu können.)

Eine Lungentransplantation führt also logischerweise dazu, dass man auf andere Gedanken kommt und sich selbst anders erleben kann, weil die ätherischen Kräfte des Spenders mit der neuen Lunge einhergehen.

Was geschieht bei einer Herztransplantation?

Unser Herz speichert die Erinnerungen an frühere Inkarnationen. Es enthält auch die Blaupause, den Lebensplan, für dieses Leben, der sich automatisch aus all dem ergibt, was wir in früheren Leben getan, gelernt, versäumt und erlebt haben. Dieser Blaupause sind wir uns zwar gar nicht bewusst, doch sie bildet dennoch den stillen Impuls aus unserem Herzen für unsere jetzige Lebensweise.[43] Unser Leben muss sich nämlich so eng wie möglich an dem Lebensplan orientieren, den wir in der geistigen Welt aufgestellt haben, bevor wir auf die Erde herabgekommen sind.

Wenn wir darauf hören, was unser Herz uns vorgibt, wenn wir folglich in Übereinstimmung mit unserem Lebensplan leben, dann nehmen die Kräfte unseres Herzens zu, und zwar sowohl auf der ätherischen als auch auf der physischen Ebene. Doch unser Herz wird schwächer und kann krank werden, wenn wir nicht im Einklang mit unserem Lebensplan leben und nicht darauf hören, was uns unser Herz eigentlich sagen möchte. Eine Herzerkrankung erfordert daher von uns eine Besinnung in diesem Punkt: Höre ich genügend auf mein Herz oder lasse ich mich von äußeren Richtlinien und Regeln leiten? Von Regeln, die andere mir auferlegen oder die der Anstand mir vorschreibt? Von Regeln, die ich unbewusst selbst aufstelle, weil ich glaube, dass die anderen das von mir erwarten? Oder habe ich vielmehr den Mut, auf die inneren Impulse meines Herzens zu hören? Wagen wir es doch, den Weg zu gehen, der uns von außen nach innen führt?

Die ätherischen Energien unseres Herzens speichern

auch die moralischen Aspekte unseres Handelns: Was wir Gutes getan haben und worin wir andere geschädigt oder verletzt haben. Unser Herz besitzt dank der Kräfte unseres Höheren Selbst – und folglich auch unseres Gewissens – mit dem es (seit dem ersten Pfingstfest) in einer direkten Verbindung steht, ein unfehlbares Beurteilungsinstrument. Daher weiß unser Herz genau, was wir im Leben gut und was wir falsch gemacht haben – unser eigenes Herz urteilt also über uns!

Um diesen moralischen Aspekt unseres Herzens wussten auch die alten Ägypter. Gemäß der traditionellen ägyptischen Lehre wurde das Herz eines Verstorbenen von der Göttin Maat [Göttin der personifizierten Gerechtigkeit, Anm. d. Ü.] auf einer Waage gewogen. Auf der einen Schale lag das Herz des Verstorbenen, auf die andere legte sie die Feder der Gerechtigkeit. So wurde die moralische Qualität des Herzens des Verstorbenen – und damit die moralische Qualität seines Erdenlebens – gewogen.

Dieses Wissen der ägyptischen Tradition hat noch immer eine tiefe Bedeutung: Nach unserem Tod werden wir selbst über unser soeben vollendetes Erdenleben richten dürfen.[44] Wir werden (und dürfen) das mit Hilfe der ätherischen Kräfte unseres Herzens tun; denn darin ist das unfehlbare persönliche Urteil gespeichert, das unser Herz zu unseren Lebzeiten über alles gefällt hat, was wir getan haben.

Nun dürfen wir also die Frage stellen, was es für einen Verstorbenen bedeutet, wenn sein Herz – und damit wahrscheinlich auch dieses unfehlbare Urteil über sich selbst (zumindest über ein Teil von ihm) aus seinem physischen

Körper entnommen und in einen anderen Körper eingesetzt wird.

Dem Spender fehlt damit nach seinem Tod sein persönliches Urteilsvermögen – zumindest ein Teil davon. Das
könnte – soweit wir das überblicken können – bedeuten,
dass er auf seinem Weg in der geistigen Welt nicht vor-
wärts kommen kann. Er muss ja zuerst dieses persönliche
Urteil über sein soeben abgeschlossenes Erdenleben fällen,
bevor er weiterziehen kann. Aus diesem Grunde haben
Transplantierte, die ein neues Herz erhalten haben, so oft
das Gefühl, dass noch jemand anders bei ihnen anwesend
ist – ihr Spender, der nicht in höhere Welten aufsteigen
kann.

7.

Ein karmisches Opfer

Was versteht man unter „Abstoßung"?

Unser Körper besitzt eine einzigartige Schwingung, die genau dem Menschen entspricht, der wir sind. Anders ausgedrückt: Jeder Mensch gibt seinen drei unterschiedlichen Körpern eine einzigartige Schwingung mit.[45] Wir verleihen also, indem wir der Mensch sind, der wir sind, unserem Astralleib, unserem Ätherleib und unserem physischen Körper eine persönliche, eine einzigartige Schwingung. Dabei handelt es sich um eine Schwingung, die im Astralleib, dem feinsten der drei Körper, die uns umhüllen, ihre höchste und reinste Form findet. In unserem Ätherleib verdichtet sich diese Schwingung, um in diesem – etwas weniger feinen – Körper wirksam werden zu können. Folglich verdichtet sich diese Schwingung noch stärker: Sie kristallisiert sich – so wird das meist genannt – in unserem physischen Körper. Die Schwingung unserer drei Körper ist so persönlich und so einzigartig, dass wir sie mit unserem Fingerabdruck vergleichen können, der ebenfalls einmalig und einzigartig ist.[46]

So gesehen ist es verständlich, dass die Schwingung eines Spenderorgans nicht zu der des Körpers des Empfängers passt. Folglich versucht der Körper des Empfängers, dieses fremde Organ abzustoßen und aus seinem Körper zu vertreiben. Sein Immunsystem erkennt ja, was zu ihm gehört und was nicht. Was nicht zu ihm gehört, wird dabei sehr effektiv abgestoßen und so gut wie möglich aus dem Körper entfernt.[47]

Die Schwingung des Empfängers wird an das Spenderorgan angepasst

Das ist der Hintergrund des Problems der Abstoßung, mit der jeder Empfänger konfrontiert wird. Daher muss der Betreffende ein Leben lang Medikamente schlucken, um dies zu verhindern. Doch was bewirken diese Medikamente eigentlich?

Rob Gruben berichtet: „Aufgrund seiner materiellen, verdichteten Natur ist die kristalline Schwingung des physischen Organs nicht durch Medikamente veränderbar. Die Medikamente richten sich daher gegen den viel schwächeren Ätherleib (des Empfängers). Dort versuchen sie, dessen karmisches (= persönliches) Schwingungsniveau (...) auf das wesensfremde Spenderorgan abzustimmen, und in vielen Fällen gelingt das damit auch. Das Schwingungsniveau eines wesensfremden Organs wird folglich dominant gegenüber dem karmischen Schwingungsniveau des gesamten Menschen gemacht!"[48]

Das bedeutet also, dass die Schwingung des Körpers

des Empfängers an die Schwingung des Spenderorgans angepasst wird. Das hat in der Tat tiefgreifende Folgen; denn während die Schwingungsrate des Ätherleibs des Empfängers verändert wird, behält dessen Astralleib seine ursprüngliche individuelle Schwingungsfrequenz bei. Dadurch wird die natürliche, selbstverständliche Verbindung zwischen dem Astralleib und dem Ätherleib beeinträchtigt: Die Schwingungen dieser beiden Körper passen nicht mehr zueinander.

Das hat weitreichende Auswirkungen, denn der Astralleib kann dadurch nicht mehr so leicht seine geistigen Kräfte an den Ätherleib und von dort aus an den physischen Körper weitergeben. In Anbetracht der Tatsache, dass der Astralleib der Träger unserer Gefühle und Emotionen ist, bedeutet dies, dass der Astralleib diese Gefühle weniger leicht an den Ätherleib und an den physischen Körper weitergeben kann als früher. Dadurch nehmen Freunde, Familienangehörige und Bekannte oft eine Verflachung der Persönlichkeit des Empfängers wahr.

In einem Satz ausgedrückt: Die Medikamente, die gegen die Abstoßung eingesetzt werden, bewirken eine Verflachung der Persönlichkeit des Empfängers.

Und nochmals – Das Problem der Seelenverstrickung

Aber die schweren Medikamente gegen die Organabstoßung bewirken auch noch etwas anderes. Weil diese Medikamente den Ätherleib und den physischen Körper des

Empfängers an das Spenderorgan anpassen, wird dadurch im Grunde die Schwingungsfrequenz des Empfängers an die des Spenders angepasst. Dadurch, so sagt Gruben, „erreicht der lebendige Mensch ein bestimmtes Niveau in der Lebensstufe des Verstorbenen".[49] Wir haben bereits weiter oben festgestellt, dass der Ätherleib der Träger unserer Erinnerungen ist. Doch wenn nun die Schwingung des Ätherleibs des Empfängers an die Schwingung des Ätherleibs des Spenders angepasst wird, so entsteht automatisch eine Verbindung mit dem Ätherleib des verstorbenen Spenders – und dadurch mit dessen Erinnerungen. Über diese Verbindung können dann auch Erinnerungen des Spenders an den Empfänger durchdringen. Diese Erinnerungen sind natürlich sehr verworren, weil keine saubere Verbindung entsteht; denn diese wird ja durch chemische Mittel zustande gebracht und nicht durch geistige Kräfte.

So entsteht auf der ätherischen Ebene eine Verstrickung zwischen der Seele des Empfängers und der des Spenders, und damit eine Verstrickung zwischen den Erinnerungen dieser beiden. Doch es handelt sich dabei nicht um eine klare Verbindung. Daher ist es verständlich, dass die Erinnerungen des Spenders bis in die Seele des Empfängers hineinwirken können.

Laut Gruben führt diese Seelenverstrickung deshalb zu einer gewissen Veränderung der Persönlichkeit des Empfängers, insbesondere seines Charakters und seiner Gewohnheiten. Diese Veränderungen sind nicht allein dem Medikamenteneinsatz zuzuschreiben, wie viele denken, sondern hängen auch eng mit der beschriebenen Veränderung der Schwingungsfrequenz zusammen.

Die Folgen für den Spender

Auch für den Spender hat diese erzwungene Seelenverstrickung große Folgen. Durch die Einwirkung des Ätherleibs des Empfängers auf den des Spenders können seine Erinnerungen in eine gewisse Unordnung geraten. Dadurch wird der Rückblick auf das Erdenleben erschwert. Gerade dieser Rückblick ist aber eine wichtige, unverzichtbare Aufgabe, die jeder Verstorbene im Leben nach dem Tod erfüllen muss.

Bestimmte irdische Erfahrungen können daher nicht geläutert und losgelassen werden. Die Folge davon ist, dass diese ungeläuterten Erfahrungen in einer folgenden Inkarnation erneut durchlebt werden müssen, damit man sie dann im Nachhinein loslassen kann. Daher kann man sagen, dass der Spender – auch in dieser Hinsicht – ein Opfer bringt! An sich ist es natürlich schon beeindruckend, dass der Spender ein Opfer bringt. Es ist allerdings ein unbewusstes Opfer, für das sich der Spender nicht bewusst entschieden hat – und genau das führt zu Verwirrung und Chaos in der Seele des Spenders.

8.

Die Rolle der Nerven

Eine besondere Begegnung

Der Arzt Matthijs Chavannes erzählt eine faszinierende Geschichte von einem Chirurgen, der auf Lebertransplantationen spezialisiert war. Bei einer Begegnung mit diesem Chirurgen fragte ihn Chavannes: „Wie sieht es eigentlich mit dem Nervensystem in den Organen aus, die für eine Transplantation bestimmt sind?" Es herrschte Stille. Dann fragte er bestürzt: „Haben Sie sich das etwa auch schon gefragt? Was hat es denn nun mit diesen Nerven auf sich?"

Daraufhin erzählte der Chirurg ihm von einem Ärzte-Kongress in Kanada, den er besucht hatte. Er berichtete: „Ich nahm vom Flughafen ein Taxi zum Hotel. Der Chauffeur fragte mich, was mich denn nach Kanada führte. Ich erzählte ihm von dem Kongress und dem Thema Transplantation. Da rief der Chauffeur aus: „What about the nerves?" (‚Was ist mit den Nerven?') Dann sprudelte er auch schon los: „Sie wissen doch auch schon längst, dass gespendete Organe auch ohne Nervensystem ausgezeichnet funktionieren? Das belegen die Forschungsergebnisse ganz eindeutig!"'[50]

Das Spenderorgan wird nicht
an das Nervensystem angeschlossen

Warum stellt Chavannes eigentlich diese Frage nach dem Nervensystem? Um das zu verstehen, müssen wir wissen, dass die Organe in unserem Körper an große Netzwerke angeschlossen sind. Die beiden wichtigsten davon sind der Blutkreislauf und das Nervensystem. Ein transplantiertes Organ wird zwar an den Blutkreislauf des Körpers des Empfängers angeschlossen, jedoch nicht an dessen Nervensystem. Das ist nicht möglich, aus dem einfachen Grund: Weil die Ärzte dies – noch – nicht können.

Doch was geschieht mit dem Nervensystem? Worauf muss der Transplantierte verzichten, weil das Spenderorgan nicht an sein Nervensystem angeschlossen ist? Primär geben die Nervenbahnen Impulse oder „Botschaften" weiter: Sie setzen sich in Bewegung, ein Organ wird aktiv, ein Muskel erschlafft und so weiter.

Doch darüber hinaus, so sagt Chavannes, geben die Nerven auch die Erinnerungen weiter, die von den verschiedenen Organen gespeichert werden: Die Lungenerinnerungen an die Lungen, die Lebererinnerungen an die Leber, die Nierenerinnerungen an die Nieren und die Herzenserinnerungen an das Herz. (Erläuterungen zu diesen unterschiedlichen Arten von Erinnerungen siehe Kapitel 6). Doch nach einer Transplantation können die Erinnerungen nicht mehr über das Nervensystem an das Organ übertragen werden, das diese speichern muss.[51] Sie können dort dann nicht mehr an ihrem ursprünglichen Speicherplatz – nämlich auf der Oberfläche des Organs – abgespeichert werden.

Darüber hinaus geben die Nerven, so sagt Chavannes, auch die moralischen Aspekte unseres Handelns an die verschiedenen Organe weiter. Jede Handlung, jeder Gedanke, jedes Wort, das wir sprechen – alles besitzt ja auch einen moralischen Aspekt. Dieser wird in unserem Körper gespeichert, und zwar auf dem Organ, dem dieser Aspekt zugeordnet ist. Die Weiterleitung dieses moralischen Aspekts an das jeweils betreffende Organ ist ebenfalls die Aufgabe des Nervensystems.[52]

Diese Speicherfunktion der Organe ist insbesondere für das Leben nach dem Tod wichtig, wenn sich der Verstorbene seiner Aufgabe zuwendet, über sein Erdenleben nachzudenken, was daran moralisch gut und was moralisch nicht gut war. Wenn es stimmt, was Chavannes behauptet, so würde das bedeuten, dass der Transplantierte nach seinem Tod nur einen unvollständigen Überblick über sein Erdenleben hat, weil sein Spenderorgan weder die Erinnerungen noch die moralischen Aspekte dieser Erinnerungen speichern konnte.

Ein Eingriff in unsere karmische Freiheit

Übrigens sieht Marieke de Vrij das anders. Ihrer Meinung nach werden die neuen Erfahrungen, die der Transplantierte nach der Transplantation macht, sehr wohl ordnungsgemäß auf der Oberfläche des Spenderorgans abgespeichert. Das ist nämlich, so sagt sie, eine geistige Angelegenheit. Es ist das Werk des Geistes – und daher kein physisches Geschehen.

Sie sieht hingegen eine andere Gefahr lauern: „Das Organ, das gespendet wird, hat eine einzigartige geistige Ausstrahlung, nämlich die individuelle Ausstrahlung des Spenders. An diese werden nun die neuen Informationen des Empfängers angekoppelt. Hierdurch findet in mehr oder weniger großem Umfang eine Verstrickung der Seelenenergien von Spender und Empfänger statt.“[53] Durch diese Verquickung werden der Spender und der Empfänger auch für ihre künftigen Leben miteinander verbunden. Dies kann einen Eingriff in ihre karmische Freiheit bedeuten; denn es stellt sich die Frage, ob es für ihre weitere Entwicklung als Mensch in nachfolgenden Leben hemmend oder im Gegenteil eher inspirierend ist, dass sie, ohne sich bewusst dafür entschieden zu haben, in künftigen Leben miteinander verbunden sind? Gerade weil Spender und Empfänger sich meist nicht bewusst dafür entschieden haben, sich auf diese Weise auch für künftige Leben miteinander zu verbinden, stellt die Transplantation einen Eingriff in ihre karmische Freiheit dar.

Wir wissen noch so wenig!

Ich habe eine ganze Zeit lang gezögert, ob ich das Kapitel über das Nervensystem wirklich in mein Buch aufnehmen soll. Man kann ja keine klare Schlussfolgerung über die Folgen der Tatsache ziehen, dass ein Spenderorgan nicht an das Nervensystem des Empfängers angekoppelt werden kann. Chavannes zieht seine Schlussfolgerungen, Marieke de Vrij wieder andere. In diesem Punkt gibt es bisher auch aus esoterischer Sicht – noch – keine einhellige Meinung.

Ich habe dann beschlossen, diesen Punkt dennoch anzuführen, weil ich mit diesem Thema etwas anderes deutlich machen möchte: In der Tat wissen wir nämlich kaum, was wir tun, wenn wir so tief in den menschlichen Körper eingreifen. So wissen wir beispielsweise nicht, was es für den Spender und den Empfänger bedeutet, wenn wir das Spenderorgan nicht an das Nervensystem des Empfängers ankoppeln können. Rein materiell betrachtet, sieht es hier so aus, als würde dadurch kein Schaden entstehen. Doch in geistiger Hinsicht?

Der Chirurg, mit dessen Erfahrungen ich dieses Kapitel begonnen habe, sagte am Ende seines Gesprächs mit Chavannes: „Sie wissen doch auch schon längst, dass gespendete Organe auch ohne Nervensystem ausgezeichnet funktionieren? Das belegen die Forschungsergebnisse ganz eindeutig!" Das gilt dann vielleicht zwar in materieller Hinsicht, jedoch sicherlich nicht, was die geistigen Aspekte betrifft. Wir sind nicht imstande, die vielen Folgen der Organspende auf Anhieb zu überblicken, einfach weil wir noch so wenig wissen!

Wir dürfen getrost behaupten, dass die göttliche Weisheit, die unseren Körper Schritt für Schritt bei seiner Entwicklung begleitet hat, besondere und höhere Gründe dafür gehabt haben muss, unsere Organe an unser Nervensystem anzuschließen. Solange wir diese höheren Gründe nicht kennen, können wir auch nicht beurteilen, wie schädlich es für einen Menschen ist, wenn er ein Spenderorgan erhält, das nicht an sein Nervensystem angekoppelt wird.

Eine Haltung in Ehrfurcht und Bescheidenheit

Mehr und mehr werde ich mir dessen bewusst, wie viel Weisheit in unserem Körper verborgen liegt, und wie viele heilige Gesetze dafür sorgen, dass unser irdischer Körper überhaupt leben und sich durch den Strom der Inkarnationen hindurch immer weiter entwickeln kann. Unser Körper ist ein Geschenk Gottes, eine Leihgabe. Er ist nicht unser Eigentum, doch er wird uns von Gott geschenkt, weil wir hier auf Erden unsere Lektionen lernen können.

Wir kennen gerade einmal einen winzigen Bruchteil der heiligen Gesetze, die in unserem Körper wirken. Wir verstehen noch kaum etwas von den zahllosen Wundern der Weisheit, die darin verborgen sind. Daher können wir durch unsere Unwissenheit großen, bleibenden Schaden am Menschen und an seinem Körper anrichten, auch wenn wir glauben, ihm etwas Gutes zu tun, indem wir ihm über eine Organspende eine Lebensverlängerung schenken und seine Heilung bewirken. Doch in geistiger Hinsicht können wir großen Schaden anrichten.

Ein System, das so groß ist wie unser Körper, fordert unsere Ehrfurcht und unseren tiefen Respekt. Nur aus dieser Haltung heraus – einer Haltung von Bescheidenheit und Ehrfurcht – dürfen wir über die Frage nachdenken, wie wir einen kranken Körper heilen können. Nur aus dieser Haltung heraus dürfen wir auch heilend handeln, in Bescheidenheit und voller Ehrfurcht vor Gott, der der Schöpfer unseres Körpers ist und dem unser Körper gehört.

Aus dieser Grundhaltung von Ehrfurcht heraus darf jeder Mensch für sich selbst die Entscheidung treffen, ob er zur Organspende bereit ist oder nicht; und allein diese Grundhaltung wird uns zur richtigen Antwort auf die Frage führen, ob wir uns in unserer Situation für eine Transplantation entscheiden sollen oder nicht. Weil diese Grundhaltung für mich so essenziell ist, habe ich den Eingangstext zu diesem Buch geschrieben.

TEIL 3
DER ORGANSPENDER

9.

Das Kriterium „Hirntod"

Der Kunstgriff „Hirntod"

Der berühmte Herzchirurg Christiaan Barnard wurde 1922 in Südafrika als Sohn eines norddeutschen reformierten Predigers geboren. Einer seiner Brüder verstarb in jungen Jahren an einer Herzfehlbildung. Natürlich hinterließ diese Erfahrung bei ihm einen tiefen Eindruck. Christiaan studierte Heilkunde in Kapstadt und wurde Hausarzt. 1956 begann er dann seine Spezialisierung als Chirurg an der Universität in Minnesota. Nach seinem Studium kehrte er zurück nach Südafrika, um dort die Herzchirurgie zu entwickeln. Er wurde weltberühmt, als er 1967 am Groote Schuur Hospital in Kapstadt als erster Arzt der Welt eine erfolgreiche Herztransplantation von Mensch zu Mensch durchführte.

In Amerika war es zum damaligen Zeitpunkt noch nicht möglich, eine Herztransplantation auszuführen, weil es verboten war, lebende Organe zu transplantieren. Folglich suchten amerikanische Ärzte – wie man munkelt, von einem gewissen Neid getrieben, weil sie es nur schwer ertragen konnten, dass ein Südafrikaner, den sie wohlgemerkt selbst ausgebildet hatten, ihnen den Rang streitig machte – nach einer Möglichkeit, um auch in Amerika lebende Organe transplantieren zu können. Dabei entstand die Idee, dazu Patienten zu benutzen, die in einem irreversiblen Koma lagen und nur durch Maschinen am Leben erhalten wurden. 1968 umschrieb eine ad hoc ins Leben gerufene Kommission der Medical Harvard School den Zustand dieser Patienten auf neuartige Weise: Dieser Zustand wurde als „Hirntod" definiert sowie als „Tod der Persönlichkieit".

Das war – und ist – im Grunde eine äußerst raffinierte Terminologie; denn Menschen, die nicht aus der Welt der Medizin stammen und folglich auch kein medizinisches Fachwissen haben, denken aufgrund dieser Bezeichnung, dass ein Hirntoter auch wirklich tot ist. Aber das ist er nicht! Menschen im tiefen Koma wurden nämlich bis 1968 wie Schwerkranke und Sterbende behandelt, jedoch nicht wie Tote!

Bis 1968 bekamen sie ihren eigenen Tod: Sie starben meist, nachdem sie kurze oder längere Zeit im Koma gelegen hatten. Bis 1968 wurden sie liebevoll versorgt, auch wenn sie im Koma lagen und kein Gespräch mehr möglich war. Bis 1968 wurden sie jeden Tag liebevoll gewaschen, gestreichelt und versorgt. Bis 1968 saßen ihre Lieben so lange um ihr Bett herum, bis sie den letzten Atemzug taten. Doch seit 1968 lag aufgrund dieser neuen Definition auf einmal nicht mehr ein schwerkranker, sterbender Mensch im Bett an der künstlichen Lunge, sondern ein Toter! Ein Mensch, der im niederländischen Gesetz als

„beatmeter stofflicher Überschuss" umschrieben wird! Ein toter Mensch – aber dennoch ein Mensch, der atmete, der warm war und dessen Blut noch strömte. Es sind sogenannte *Tote*, die am Leben erhalten werden, bis ihre Organe auf dem OP-Tisch entnommen werden können.

An dieser Stelle möchte ich nochmals das Magazin „Spiegelbeeld" zitieren: „Was für eine Umwälzung in der Geschichte der Medizin! Ärzte töten Menschen, um anderen Menschen das Leben zu retten – der Eid des Hippokrates ist tödlich verletzt!"[54] In der ursprünglichen Version dieses jahrhundertealten Eides, der von jedem Arzt abgelegt wird, stand unter anderem folgender Passus: „Niemals werde ich, auch nicht auf eine Bitte hin, ein tödlich wirkendes Gift verabreichen oder auch nur einen Rat dazu erteilen, der, wenn er befolgt wird, den Tod herbeiführt." Es spricht Bände, dass in der aktuellen Version des ursprünglichen Eides von Hippokrates dieser Passus – und folglich dieses Gelöbnis – gestrichen ist!

Wenn das Gehirn tot ist, ist der Mensch tot

Wie konnte dies eigentlich geschehen? Wie konnte es geschehen, dass komatöse Patienten für tot erklärt wurden? Das hängt mit der Tatsache zusammen, dass das Gehirn in unserer heutigen Zeit immer mehr als Instrument betrachtet worden ist – und wird – das unsere Persönlichkeit ausmacht: Ohne Gehirn ist man kein Mensch. Der medizinische Ethiker Erwin Kompagne behauptet denn auch: „Die Persönlichkeit ist eine Funktion des Gehirns:

wenn das Gehirn tot ist, gibt es diese Person nicht mehr, auch wenn die niederen Funktionen noch intakt sind." [55] Kompagne formulierte damit die gängige Auffassung in der medizinischen Wissenschaft. Immer mehr Menschen haben diese Denkweise in den vergangenen Jahrzehnten übernommen: Wenn unser Gehirn nicht mehr funktioniert, ist der Mensch im Grunde tot. Wir sind ja unser Gehirn ...

Doch es wird inzwischen immer deutlicher, dass diese These nicht stimmt:

- Denn wie können komatöse Menschen noch hören und mitbekommen, was um sie herum geschieht? Sie verfügen offenkundig doch über ein Bewusstsein, das unabhängig von ihrem Gehirn funktioniert.

- Wie konnte jemand wie der Neurochirurg Eben Alexander eine ganze Reihe von Erfahrungen in der geistigen Welt machen, während sein Gehirn – und damit sein Bewusstsein – nicht mehr funktionierte?[56] In seinem Bestseller beschreibt er seine Erlebnisse während seiner außerkörperlichen Erfahrung, als er offensichtlich in einem tiefen Koma lag. Mit eben dem Bewusstsein, über das er damals verfügte, machte er beeindruckende Erfahrungen.

- Wenn die Nieren nicht arbeiten, sagen wir doch auch nicht, dass der Betreffende „nierentot" ist, sondern schließen ihn an die Dialyse an! Wenn unser Gehirn nicht mehr arbeitet, ist es krank – genauso wie die Nieren – aber doch nicht tot! Daher ist es auch möglich, dass Menschen, die als „hirntot" bezeichnet werden, wieder aufwachen und zu Bewusstsein kommen.

- Es ist insbesondere der Kardiologe Pim van Lommel, der in seinem Buch „Endloses Bewusstsein" – das von Nahtod-Erfahrungen handelt – bewiesen hat, dass es auch außerhalb unseres Gehirns ein Bewusstsein gibt![57] Folglich kann der Kranke, auch wenn sein Gehirn nicht arbeitet, durchaus noch bei Bewusstsein sein!

Fazit:
Es ist also nicht richtig zu behaupten, dass ein Mensch tot ist, wenn sein Gehirn nicht funktioniert – derjenige verfügt ja dann immer noch über ein (höheres) Bewusstsein. Folglich können wir auch nicht behaupten, dass die Person tot ist, wenn das Gehirn nicht mehr arbeitet.

Deshalb sind immer mehr Menschen davon überzeugt, dass der Augenblick, in dem der Hirntod festgestellt wird, nicht der Moment des Todes ist, sondern ein Moment oder eine Phase des Sterbeprozesses. So hält Peter Krause fest: „Die meisten Ärzte sind sich darin einig, dass in dem Moment, da der Hirntod festgestellt wird, der Sterbeprozess unumkehrbar geworden ist."[58] Doch hirntot ist nicht tot! Der Hirntod markiert einen bestimmten Moment im Sterbeprozess. Folglich können wir behaupten, dass der hirntote Mensch noch lebt.

Eine Hirntote gebärt ein Kind

Nun können wir auch verstehen, warum eine Hirntote trotzdem ein Kind gebären kann! Allein schon bis zum

Jahr 2003 brachten in Deutschland zehn hirntote schwangere Frauen ein Kind zur Welt. Wie kann eine Tote denn ein Kind gebären? Das war möglich, weil sie nicht tot waren, sondern lebten – sie waren Sterbende. Manche dieser Frauen blieben sogar monatelang am Leben, obwohl sie offiziell für hirntot erklärt worden waren.

Nun ist auch verständlich, warum hirntote Kinder dennoch weiter wachsen und ihre Geschlechtsorgane weiter ausreifen können: Sie sind nicht tot, sie leben. Nur ihr Gehirn arbeitet nicht.

Jetzt ist auch klar geworden, warum hirntote Männer eine Erektion bekommen können: Sie sind nicht tot, sie leben. Nur ihr Gehirn arbeitet nicht mehr. Sie können auch noch (passiv) Kinder zeugen. Wie sollte ein Toter jemals ein Kind zeugen können?

- Ein Hirntoter zeigt dementsprechend auch alle Zeichen von Leben: Er hat eine normale Temperatur, und sein Körper kühlt nicht ab oder wird kalt, wie das bei einem Toten der Fall ist.
- Sein Herz schlägt noch, und seine Atmung funktioniert noch (mit Hilfe einer Beatmungsmaschine).
- Sein Blutkreislauf funktioniert tadellos.
- Seine Körperzellen vermehren sich weiterhin.
- Alle Organe funktionieren, nur nicht sein Gehirn.

Das bedeutet, dass der Ausfall des Gehirns kein Anzeichen für den Tod ist, ebensowenig wie der Ausfall der Augen ein Hinweis auf den Tod ist, sondern nur auf Blindheit. Daher ist es eine Lüge, einen solchen Kranken oder

Sterbenden als „beatmeten stofflichen Überschuss" zu bezeichnen, wie es im Gesetz über die Organspende steht. Hat jemals eine solche freche Lüge in einem niederländischen Gesetz gestanden?

Oft behaupten Ärzte, dass jemand, der für hirntot erklärt wurde, sowieso bald nach dieser Diagnose sterben würde, wenn er nicht bei der Entnahme der Organe sterben würde. Doch auch das stimmt nicht: Es sind 175 Fälle bekannt, in welchen zwischen der Diagnose „Hirntod" und dem endgültigen Herzstillstand ein Zeitraum von mindestens eine Woche bis sage und schreibe vierzehn Jahre lag![59]

Starke emotionale Reaktionen

Es hat mich besonders getroffen, dass so viele Menschen, die sich intensiv mit dem Thema Organapende beschäftigt haben, so stark und so emotional reagieren. Bei keinem anderen Thema habe ich je erlebt, dass Menschen, die sonst oft differenziert denken und argumentieren, so deutlich und ohne irgendeine Zurückhaltung reagieren. Es scheint, dass die Organspende ein Thema ist, bei dem es um Grundsatzentscheidungen geht. Als würde die Entscheidung, die in dieser Hinsicht getroffen wird, etwas über die weitere Entwicklung unserer Gesellschaft aussagen. Nicht nur die Art und Weise, wie wir mit der Organspende umgehen, spielt dabei eine Rolle, sondern es scheint bei dieser Entscheidung offensichtlich die gesamte Zukunft der Menschheit auf dem Spiel zu stehen.

Der Herzspezialist *David W. Evans* arbeitete eine Zeit lang bei Organtransplantationen mit. Im Jahr 1989 hörte er jedoch damit auf. Er berichtet, dass keinerlei Zweifel daran bestehen, dass das Herz und Teile des Gehirns in dem Moment, da Organe entnommen werden, noch arbeiten. Deshalb nimmt er an: „Es könnte einfach sein, dass der Spender sich in einem albtraumartigen Zustand befindet, in dem er Schmerzen hat."[60] Wohlgemerkt: Das sagt also ein Fachmann auf dem Gebiet der Organspende!Das würde bedeuten, dass der Spender Schmerzen empfindet, wenn seine Organe entnommen werden.

Auch Marieke de Vrij, eine spirituell ausgerichtete Rechtsanwältin, hat sich intensiv mit der Problematik der Organspende auseinandergesetzt. Auch sie kam zu der Schlussfolgerung, dass ein Spender noch lebt, wenn seine Organe entnommen werden. Auch aus diesem Grund rät sie von Organspenden ab. Sie sagt: „Mein Herz ist schwer, weil ich den Menschen ihrer Meinung nach gönnen sollte, was sie sich gern wünschen, beispielsweise die Verlängerung ihres Lebens hier auf Erden mit ihren Lieben. Ich würde den Menschen meine Einschätzung gern ersparen, wenn ich Zweifel an dem hätte, was ich veröffentliche. Ich habe diesmal also keine 'guten' Nachrichten zu verkünden. Doch wenn ich nichts sage, wird es noch mehr Organspenden mit allen damit verbundenen Folgen geben. Die Verantwortung, die ich dafür trage, ist schon sehr groß (…) Ich bin ausgesprochen bekümmert darüber, weil es keine unverbindlichen Erkenntnisse sind."[61] An diesem Zitat können wir ablesen, wie heftig die Schlussfolgerungen sind, zu welchen Marieke de Vrij bei ihren Nachforschungen kam – und wie sehr es sie schmerzt, dass sie diese, und keine anderen, Schlussfolgerungen ziehen muss.

Ger Lodewick spricht von einem Tunnelblick, wenn er über das Kriterium „Hirntod" redet. Manche Justizirrtümer sind die Folge eines Tunnelblicks. „Von solch einem Tunnelblick kann man beim Hirntod-Kriterium ebenfalls sprechen", schreibt Ger Lodewick. „Auf der Grundlage sorgfältig ausgewählter, sehr beschränkter Informationen wird jemand für tot erklärt. Alle weiteren Informationen sind nur hinderlich, wecken Zweifel und unterminieren das Ziel, das erreicht werden muss. Diese werden beiseitegewischt und sorgfältig außerhalb des Tunnels gehalten – und siehe da: ‚Dieser Patient muss doch wohl tot sein'."[62]

Warum werden all diese Überlegungen – neben den oben zitierten gibt es noch viel mehr Menschen, die ihre Bedenken geäußert haben – von der Regierung einfach geleugnet? Warum gelingt es nicht, über alle diese Dinge eine offene Diskussion zu führen, bei der die Argumente der Gegner der Organspende ernst genommen werden?

10.

Vom Tode erwacht

Im Koma und doch fühlen und hören können

Der Geschäftsmann *Jan Kerkhoffs* aus Melick – er war fünfundfünfzig Jahre alt – fiel im Jahr 1992 nach einer Gehirnoperation, bei der ein Tumor entfernt wurde, ins Koma. Die Ärzte erklärten ihn für hirntot. Sollte er dennoch wieder erwachen – doch die Chance war ihrer Meinung nach äußerst gering – würde er nur noch dahinvegetieren können. Doch selbst diese Chance war gering. Die Ärzte fragten denn auch seine Frau und seine Kinder, ob sie seine Organe verwenden durften, und ob sie dazu ihre Zustimmung geben wollten. Zum Glück weigerten sie sich, denn nach einer Woche erwachte Jan Kerkhoffs. Anfangs war er gelähmt, doch später genas er nach einer Reha-Maßnahme beinahe vollkommen. Über seine Erfahrungen schrieb er ein Buch: *„Droomvlucht in coma"* („Traumflucht ins Koma").[63]

Dies ist eines der vielen schockierenden Beispiele für eine Fehldiagnose. Die Ärzte waren der Meinung, dass er wirklich nicht mehr erwachen würde. Schockierend auch, weil es so deutlich zeigt, dass jemand, der für hirntot erklärt wurde, gar nicht tot ist und wieder genesen kann. Hirntot ist nicht tot – denn wie kann ein Toter wieder erwachen?

Kerkhoffs berichtete auch, dass er die Schmerzreize spürte, mit welchen festgestellt wurde, ob er nun hirntot war oder nicht. Sie waren unangenehm, doch aus einem ihm unerklärlichen Grund war er nicht imstande zu reagieren. Auf einem Kongress im Jahr 1998 berichtete er darüber: „Ich hörte, wie mein Name gerufen wurde, doch ich konnte nicht reagieren. Ebenso wenig konnte ich körperlich auf den starken Schmerz reagieren, den ich verspürte, als man meine Nägel mit der Spitze eines Kugelschreibers bearbeitete und mir in die Ohren kniff. Ich spürte den Schmerz, konnte jedoch nichts dagegen tun."[64]

Dies bedeutet folglich, dass der so genannte Hirntote die Tests spüren kann, mit welchen die Ärzte feststellen, ob jemand hirntot ist. Das bedeutet also auch – aufgrund der enormen Bedeutung wiederhole ich diese Schlussfolgerung nochmals – dass ein Hirntoter spüren kann, wie seine Organe bei der Operation entnommen werden, insbesondere wenn er dabei keine Narkose bekommt. Letzteres ist die Regel, mit dem Argument, dass ein Hirntoter ja tot sei und daher nichts spüren könne … Daher stellt Ger Lodewick die Frage: „Sind Sie bereit, sich ohne Narkose aufschneiden zu lassen, wobei die Chancen groß sind, dass Sie alles spüren und vor der Operation womöglich noch zu sich kommen können?"

Glasgow-Komaskala

Ob ein Koma-Patient nun hirntot ist oder nicht, wird mit der so genannten *Glasgow-Komaskala* festgestellt. Das bedeutet: Wenn man erwartet, dass der Koma-Patient nicht mehr erwachen und sein Bewusstsein folglich nicht mehr wiederkehren wird, werden Tests durchgeführt, um zu messen, wie tief er im Koma liegt. Diese Tests sind im „Hirntod-Protokoll" festgelegt und bestehen – neben der Erstellung eines EEGs – unter anderem aus folgenden Untersuchungen:

- dem Öffnen der Augen
- dem Stellen von Fragen
- dem Testen der Bewegungsreaktion. Diese Tests werden mit Schmerzreizen kombiniert.

Auch ein *Apnoe-Test* gehört zum Hirntod-Protokoll. Dies bedeutet, dass die künstliche Beatmung des Patienten für kurze Zeit gestoppt wird. Da das Herz weiter schlägt, stirbt er nicht. Laut der Ansicht verschiedener medizinischer Spezialisten ist dieser Test untauglich, denn – so ihre Aussage – er schädigt das Gehirn noch mehr und beschleunigt dadurch den Tod. Anstatt sich um eine Heilmethode für den Kranken zu bemühen, hat man den Hirntoten nun zu „einer Sache" gemacht, an der man ungestraft derartige Tests durchführen darf.[65]

Der Hirntote kann bei diesen Tests auf der Glasgow-Komaskala maximal fünfzehn und minimal drei Punkte erzielen. Jemand mit fünfzehn Punkten hat ein normales

Bewusstsein, jemand mit einem Ergebnis von drei Punkten liegt im tiefen Koma. Wenn jemand zwischen drei und acht Punkte erzielt, gilt er als hirntot.

Übrigens: Insbesondere die Tests, mit welchen die Bewegungsreaktionen untersucht werden, werden von den wenigen Patienten, die später darüber berichten konnten, offensichtlich als schmerzhaft erfahren.

Eine Hirntote kommt wieder zu Bewusstsein

Christina Thornsberry – sie war damals einunddreißig Jahre alt – wurde im Jahr 2004 in Amerika im Krankenhaus aufgenommen und fiel ins Koma. Sie wurde für hirntot erklärt. Daraufhin baten die Ärzte ihre Mutter um Zustimmung zu einer Organspende. Ihre Mutter verweigerte dies. Nach zehn Tagen kam Christina wieder zu sich. Sie erzählte, dass sie während ihres Komas die Ärzte mit ihrer Mutter habe sprechen hören, jedoch nicht imstande gewesen sei, zu reagieren. Sie spürte auch, so berichtete sie, die schmerzhaften Tests, die die Ärzte jeden Tag an ihr durchführten. Die Ärzte hatten zu ihrer Mutter jedoch gesagt, dass Christina „weg" sei und nichts mehr spüren und hören könne.

Auch dieses Ereignis verdeutlicht vieles. Zunächst müssen wir auch in diesem Fall feststellen: Hirntot ist nicht tot. Eine Tote kann nun einmal nicht mehr aufwachen. Infolgedessen müssen wir schlussfolgern, dass jemand, der im Koma liegt, offensichtlich doch noch alles hören und spüren kann. Folglich wird derjenige später auch die heftigen Schmerzen spüren können, wenn seine Organe ohne Einsatz von Narkose entnommen werden.

In einer deutschen Forschungsstudie wurde festgestellt, dass in mehr als 30% der Fälle die Diagnose „Hirntod" nicht zutrifft.[66] Das wirft die Frage auf: „Wie viele so genannter Hirntote, die wieder zu Bewusstsein hätten kommen können, sind bereits auf dem OP-Tisch gestorben?" Oder noch deutlicher: „Wie viele werden als Organspender auf dem OP-Tisch getötet?"

Hören, wie der eigene Tod erklärt wird, und nicht reagieren können

Zack Dunlop – er ist einundzwanzig Jahre alt – erleidet im Jahr 2007 einen schweren Unfall. Nach der Aufnahme in der Klinik wird er von den Ärzten für hirntot erklärt. Seine Eltern sind mit einer Organspende einverstanden. Und dann geschieht etwas Unglaubliches: *Einige Minuten bevor die Operation beginnen soll, klappt einer der Krankenpfleger, ein Neffe von Zack, sein Taschenmesser auf und fährt mit der Klinge kräftig über Zacks Fußsohle. Zu seiner blanken Überraschung zieht Zack seinen Fuß zurück. Als der Mann daraufhin heftig an dessen Fingernagel zieht, reagiert Zack auch hierauf und bewegt sogar seine andere Hand, um diesen Schmerz abzuwehren. Die Vorbereitungen werden umgehend eingestellt. Zack 'kehrt zurück vom Tod' und kommt langsam wieder zu Bewusstsein. Das Erste, was*

er zu seiner Familie sagt, als er wieder völlig bei Bewusst-
sein ist, sind die drei Worte: 'Ich liebe euch!'

Auch Zack erzählt, dass er alles gehört habe, was die Ärzte gesagt, also auch, dass sie ihn für tot erklärt hatten. Er sagte: „Ich war fuchsteufelswild, denn ich war nicht tot, doch mein Körper machte es mir unmöglich, mich zu regen. Wäre ich imstande gewesen, zu tun, was ich wollte, so wären die Fensterscheiben geplatzt!!"[67]

Wir müssen also davon ausgehen, dass auch Situationen vorgekommen sind, bei welchen der so genannte Hirntote nicht in letzter Sekunde erwacht ist, sondern hat miterleben müssen, dass ihm seine Organe auf dem OP-Tisch nacheinander entnommen wurden. Noch grauenhafter ist der Gedanke, dass er dies vielleicht bewusst erlebt hat, ohne imstande gewesen zu sein, irgendwie zu reagieren.

Diese drei Beispiele erscheinen mir persönlich völlig ausreichend, um deutlich zu machen, dass Organspender bewusst miterleben können, was mit ihnen geschieht, und möglicherweise – ja sogar wahrscheinlich – bewusst miterleben, was von den Ärzten gesagt wird und wie ihre Organe entnommen werden. Allein schon alle diese Schlussfolgerungen – andere Schlussfolgerungen lassen sich ja leider nicht ziehen – sollten ausreichen, um dazu zu führen, dass kein hirntoter Mensch mehr als Spender benutzt wird. Doch wer noch mehr Beispiele lesen möchte, findet diese in Übersicht auf http://www.organfacts.net/notdead.

Das Fazit von Fachärzten:
Organtransplantation ist ein Fehler

Es dürfte – aufgrund der vielen Erfahrungen von Hirntoten, die wieder zum Leben erwacht sind – deutlich geworden sein, dass auch immer mehr Ärzte diese Praktiken ablehnen. Der im vorangegangenen Kapitel erwähnte Herzspezialist *David E. Evans* hat folgenden weitreichenden Schluss gezogen: „Die Organtransplantation ist ein Fehler, weil sie dazu zwingt, einen sterbenden Menschen zu missbrauchen oder Schaden an einem gesunden Menschen anrichtet." Seiner Meinung nach sollte sich folglich auch kein einziger Arzt darauf einlassen. Das ist eine harte, aber verständliche Schlussfolgerung!

Evans fügt dem noch folgende Anmerkung hinzu, die unter die Haut geht: „Wenn der Zustand der gesuchten Organe zum vorherrschenden Interesse wird, sind bestimmte Mitglieder unserer Berufssparte offensichtlich dazu bereit, ihren Patienten schreckliche Dinge anzutun, bevor diese gestorben sind."[68]

Der Chor an Stimmen aus der medizinischen und/oder wissenschaftlichen Welt, die Alarm schlagen und erklären, dass wir gerade mit der Nutzung von Organen lebender Menschen auf dem Holzweg sind, wird immer größer. Das Erschütternde daran ist vor allem, dass diese Stimmen bis heute nicht in die Welt der Medien durchzudringen scheinen: Fernsehen, Rundfunk, Tageszeitungen und Zeitschriften schweigen sich darüber aus, und daher erreicht das Thema auch keinen Bekanntheitsgrad.

So argumentierte der amerikanische Wissenschaftler *Robert Stearman* bereits im Jahr 2005: „Das Interesse des Sterbenden daran, nicht zu früh für tot erklärt zu werden, ist nicht mehr maßgeblich, sondern vielmehr das wissenschaftliche Interesse, eine sterbende Person so schnell wie möglich für tot zu erklären."[69] Doch auch diese Aussage ist vollkommen unbekannt geblieben.

Edmund Pellegrino, Professor der Medizin und der medizinischen Ethik in Amerika, äußerte sich wie folgt: „Ich habe mich dafür entschieden, das Wohl des Patienten in den Vordergrund zu stellen und ihn nicht zum Organspender werden zu lassen. Meine Begründung lautet, dass ihm keinerlei Schaden zugefügt werden darf, auch dann nicht, wenn dies einem anderen Menschen einen Nutzen bringen sollte. Kein einziger Mensch darf geopfert werden, weil das für einen anderen nützlich wäre. Dies ist eine moralische Grundregel, die den menschlichen Eigenwert erkennt, der in einer Person steckt."[69a]

Im *Addenbrooke's Hospital* in Cambridge weigerten sich eines Tages sieben von dreizehn Anästhesisten, bei Lebertransplantationen noch weiter zu assistieren, weil sie es schrecklich fanden, was im OP-Saal geschieht.[70] Das sind die Reaktionen von direkt Betroffenen!

David Hill, ein Anästhesist, ist der Auffassung, dass das ethische Dilemma nicht so sehr in der Verwendung menschlicher Organe für Transplantationszwecke liegt, als vielmehr in der Art und Weise, wie diese lebenswichtigen Organe beschafft werden – nämlich von lebenden Menschen.[71]

Er stellt auch fest, dass es keine internationale Vereinbarung zur Diagnose 'Tod' in Bezug auf Transplantationszwecke gibt, was bedeutet, dass in verschiedenen Ländern unterschiedliche Kriterien angesetzt werden.

Daher sagt der amerikanische Kinderarzt und Neonatologe *Paul A. Byrne*: „In Amerika ist es inzwischen möglich, zugunsten einer Organspende für tot erklärt zu werden, wenn man fünfundsiebzig Sekunden lang keinen Pulsschlag mehr zeigt, auch wenn das Herz noch schlägt."[72] Das bedeutet, dass potenzielle Spender immer früher für tot erklärt werden. Diese Aussage macht deutlich, dass das Kriterium „Hirntod" bestimmt nicht klar und deutlich definiert ist und immer weiter ausgelegt werden kann. Da stellt sich nur noch die Frage, wohin diese erschütternde Entwicklung letztendlich führen wird.

Es gibt immer mehr Ärzte, die die Möglichkeit einräumen, dass ein Hirntoter doch noch etwas spüren, Schmerz empfinden und womöglich sogar hören kann, was gesprochen wird. Sogar ein leitender Arzt der DSO (Deutsche Stiftung für Organtransplantation, die die Transplantation in Deutschland regelt) stellt fest: „Es ist in der Tat nicht beweisbar, dass jemand, der für hirntot erklärt worden ist, auch wirklich nicht mehr über ein Wahrnehmungsvermögen verfügt – wir wissen folglich auch nicht, ob er Schmerz empfinden kann oder nicht."[73] Doch wenn wir nicht sicher wissen, dass ein Hirntoter keinen Schmerz empfindet – weder bei Tests noch bei der Entnahme von Organen selbst – warum betreiben wir das dann immer noch weiter?

Laut dem brasilianischen Professor und klinischen Neurologen *David Coimbra* ist ein Hirntoter gar nicht tot: „Es handelt sich um eine lebensbedrohliche Situation." Außerdem ist Heilung möglich: „Im Prinzip ist die Diagnose 'Hirntod' umkehrbar. Dies ist auch oft möglich, wenn eine fachmännische Therapie eingesetzt wird. Anstelle einer Behandlung, die die Atmungsfunktionen wiederherstellen und sogar wieder ein normales Leben ermöglichen kann, wird das Gehirn dieser Patienten jedoch weiter geschädigt. Hirntote werden nämlich dem so genannten ‚Apnoe-Test' unterzogen (siehe oben)."[73a]

Coimbra hat als Neurologe einen Therapieplan für Menschen entwickelt, die in einem tiefen Koma liegen und daher hirntot sind. Er arbeitet dabei mit Hormonen und hohen Dosen von Vitamin D3.[74] Die Resultate seiner Arbeit sind verblüffend. Er beweist damit, was möglich ist, wenn wir jemanden, der in ein tiefes Koma gefallen ist, nicht als hirntot abstempeln und jede weitere Behandlung einstellen, sondern dem Betreffenden die Therapie angedeihen lassen, die jeder Kranke verdient. Es zeigt sich, dass Heilung auch für Menschen möglich ist, die im tiefen Koma liegen!

11.

Die Sterbephase ist eine sinnvolle Lebensphase

Spontane Abwehrbewegungen: Die Lazarus-Reflexe

Wenn hirntote Menschen auf dem OP-Tisch bereit liegen, um operiert zu werden, kommt es in 75% der Fälle vor, dass sie spontane Abwehrbewegungen mit den Armen und Beinen machen. Manche schlagen die Arme in einer schützenden Gebärde vor ihre Brust, andere unter ihnen richten sich dabei sogar ein wenig auf.[75] Es kommt auch vor, dass sie sich ganz aufrecht hinsetzen, ihren Pfleger fest packen oder sogar umschlingen und gurgelnde Geräusche machen.[76] Es steigen auch der Blutdruck und die Herzfrequenz.[77] Laut OP-Assistenten, die hierbei anwesend sind, ist es jedes Mal wieder erschreckend: Daran gewöhnt man sich niemals! Es gibt sogar Beispiele von OP-Assistenten, die so erschrocken sind, dass sie ihren Beruf aufgegeben haben.

Die Abwehrbewegungen von Spendern, die kurz davor stehen, operiert zu werden, werden „Lazarus-Reflexe" genannt. Die Bezeichnung für dieses Phänomen stammt aus der Bibel – und zwar von Lazarus, der starb, aber von Jesus Christus vom Tod zurückgerufen wurde. Er war bereits in einer Höhle begraben (in einem Felsengrab). Doch als Jesus Christus ihn rief, erwachte er, setzte sich aufrecht hin und stand auf.[78]

Auch die Lazarus-Reflexe sind ein Zeichen dafür, dass der Hirntote nicht tot ist: Welcher Tote ist denn imstande, sich aufzurichten und den OP-Assistenten zu umschlingen? Die Ärzte sagen über diese Gebärden und Bewegungen, dass es sich dabei um unwillkürliche Muskelreflexe handelt: Spinale Reflexe, die vom Rückenmark ausgelöst werden. Sie suggerieren, dass mit dieser Antwort alle Fragen beantwortet sind, die man zu diesem Phänomen stellen kann. Dem ist jedoch nicht so. Allein schon diese Begründung sollte uns zu denken geben; denn derartige unwillkürliche Muskelreflexe sind doch wohl nur bei jemandem möglich, der lebt, und nicht bei jemandem, der gestorben ist. Haben Sie jemals einen Toten gesehen, der sich plötzlich aufrecht hingesetzt hat?

Ein junger Anästhesist war zum ersten Mal bei einer Operation dabei, bei der Organe entnommen wurden. Seine Chefin, eine Anästhesistin, gab ihm zu Beginn der Operation die Anweisung, mit der Verabreichung der Narkose zu beginnen. Darauf reagierte der junge Anästhesist überrascht: „Das ist doch nicht nötig, er ist doch tot? Wir werden doch nicht jemandem eine Narkose verabreichen, der tot ist?" Ihr Gesicht verzog sich zu einer beinahe boshaften Grimasse, und sie warf ihm nur einen einzigen Satz zu: „Wie wissen Sie das so sicher?" Da war der junge Anästhesist fassungslos.[79]

Ger Lodewick stellt in diesem Zusammenhang die nur allzu verständliche Frage: „Müssen wir die Lazarus-Reflexe womöglich als die letzte Kraftanstrengung eines Menschen betrachten, der sich dessen bewusst ist, was gleich mit ihm geschehen wird?"

Narkose oder nicht?

Über die Verabreichung einer Narkose bei der Entnahme von Organen wird unterschiedlich gedacht. In den Anleitungsrichtlinien der Deutschen Stiftung für Organtransplantation (DSO) – der Stiftung, die in Deutschland die Organspende regelt – steht, dass eine Narkose nicht nötig ist, um das Bewusstsein des Organspenders auszuschalten und Schmerzreaktionen zu vermeiden. Doch in Anbetracht der Lazarus-Reflexe ist es dennoch sinnvoll, den Organspender mit entsprechenden Mitteln (wie etwa Opiaten) zur Ruhe zu bringen oder zu entspannen („relaxieren" steht im deutschen Text). Man fragt sich: Wie kann man denn einen Toten entspannen und zur Ruhe bringen?

Außerdem – so steht es im deutschen Text – ist es sinnvoll, mit diesen Opiaten einem Anstieg des Blutdrucks und der Herzfrequenz vorzubeugen.[80] Wer dies liest, kann doch nur zu der Schlussfolgerung kommen, dass es sich hierbei um einen lebendigen Menschen und nicht um einen Toten handelt – oder etwa nicht?

> - *Welcher Tote braucht denn eine Narkose?*
> - *Bei welchem Toten kann der Blutdruck steigen?*
> - *Welcher Tote macht Abwehrbewegungen?*

Pim van Lommel stellt fest: „Ein 'stofflicher Überschuss' sollte doch keine Anästhesie benötigen, oder? Für hirntot erklärte Patienten zeigen während ihrer Operation zum Zwecke der Entnahme von Organen als Spende auch signifikante Veränderungen beim Blutdruck, Gefäßwiderstand und Herzschlag. Dies ist nur dann möglich, wenn noch Teile des Gehirns und die Rückenmarksreflexe intakt sind."[80a]

Die niederländische Transplantationsstiftung äußert sich zu der Frage, ob eine Narkose verabreicht werden muss oder nicht, wenn die Organe aus dem Körper des Spenders entnommen werden, folgendermaßen:

„Eine Narkose wird bei normalen Operationen eingesetzt, um drei Ziele zu erreichen:

Bewusstseinsverlagerung, Schmerzbekämpfung und Muskelerschlaffung. Wenn ein Spender hirntot ist, sind Bewusstseinsverlagerung und Schmerzbekämpfung nicht nötig. Eine Muskelerschlaffung hingegen ist jedoch sehr wohl erforderlich, um beispielsweise die Muskeln der Bauchdecke während der Operation zu entspannen und etwa eine optimale künstliche Beatmung zu gewährleisten."[80b]

In den Niederlanden erfolgt die Entnahme von Organen standardmäßig ohne Anästhesie.[81] Warum sind die Behörden so starrköpfig, dass sie sich weigern, bei der Entnahme von Organen eine Standard-Narkose zu verabreichen? Es gibt zahlreiche Hinweise darauf, die deutlich machen, dass der Spender dennoch Schmerzen verspürt.

Weitaus besser wäre es natürlich, ganz mit dem 'Ausschlachten' von Organspendern aufzuhören, die sich mitten in der Sterbephase befinden, und ihnen ihren persönlichen Tod zu gönnen.

Die Sterbephase hat ihren Sinn!

Wie kommt es denn dazu, dass wir in der heutigen Zeit so oberflächlich mit dem Sterben eines Menschen umgehen? Diesen Eindruck macht nämlich die heutige Praxis auf mich. Ich denke, dass dies von der Tatsache herrührt, dass wir nicht mehr imstande sind, zu sehen und/oder zu erleben, dass der gesamte Sterbeprozess sinnvoll ist! Und zwar jeder einzelne Teilbereich dieses Prozesses: Alle Erfahrungen sind nötig, um einen guten Übergang zu erreichen.

Elisabeth Kübler-Ross hat oft vom Schmetterling erzählt, der aus seinem Kokon schlüpft:Ein mühevoller Prozess, für den so mancher Schmetterling Stunden braucht. Es kostet dem Schmetterling nämlich viel Mühe, den Kokon aufzubrechen. Ist der Schmetterling geschlüpft, so sind seine Flügel nass und verknittert. Der junge Schmetterling bleibt daher in der Sonne sitzen, um zu trocknen und Blut in die Adern der Flügel zu pumpen. Auch dies kann einige Stunden dauern. Oft kriecht der Schmetterling schon morgens aus dem Kokon, so dass er bis zum Mittag bereit ist, um loszufliegen.

Es gab in der Vergangenheit Menschen, die Mitleid mit einem Schmetterling hatten, der sich abmühte, aus dem Kokon zu schlüpfen, und die daher den Kokon für ihn aufbrachen. Doch diese Hilfe bedeutete seinen Tod. Die Schmetterlinge müssen nämlich durch ihren Geburtskampf all ihre Kräfte aktivieren: Erst dann können sie wie ein echter Schmetterling geboren werden. Für die Schmetterlinge, welchen von Menschenhand geholfen wurde, um aus ihrem Kokon zu schlüpfen, lief es schlecht: Sie starben, noch bevor sie zu ihrem ersten Flug gestartet waren.

Dieses Bild vom Schmetterling und dem Kokon ist tiefgründig. Unser Sterbeprozess ist ja ein Geburtsprozess. Er ist das Ringen darum, von der alten irdischen Welt loszukommen, um befreit in die neue Welt eintreten zu können. Ebenso wie beim Schmetterling sind die verschiedenen Erfahrungen während des Sterbeprozesses nötig, um Schritt für Schritt die geistigen Kräfte in uns freizusetzen, die wir für das neue Leben brauchen, das uns erwartet.

Ein Eingreifen in den Sterbeprozess – wie das bei Organspendern der Fall ist – bedeutet somit auch, dass der Sterbende den Übergang in die geistige Welt nicht auf natürliche, ihm entsprechende Weise vollziehen kann. Dadurch kann es geschehen, dass seine geistigen Kräfte unvollständig gereift sind. Natürlich wird er die Folgen davon im Leben auf der anderen Seite zu spüren bekommen.

Ich bin daher absolut glücklich darüber, wissen zu dürfen, dass eine große, unvorstellbare und so liebevolle Hilfe aus der Engelwelt auf den Organspender zukommt, um ihn zu umhüllen. Dank dieser Hilfe können die Folgen des Schiefwuchses, die durch den abrupt abgebrochenen oder im Gegenteil allzu lange hingezogenen Sterbeprozess verursacht werden, liebevoll abgefangen werden, so dass die weitere Fortsetzung des Lebens auf der anderen Seite möglich wird.

Die Folgen für den Organspender

Marieke de Vrij schreibt: „Wenn ein Hirntoter unnatürlich lange am Leben gehalten wird, um zum Spender zu werden, dann wird auch sein Sterbeprozess unnatürlich lange behindert. Symbolisch ist dies vergleichbar mit dem Kokon, aus dem sich der Schmetterling entpuppt. Nun wird gleichsam Klebeband um den Kokon herumgeklebt, wodurch der Schmetterling an seiner natürlichen Entpuppung gehindert wird. Auf psychischer Ebene wird dadurch der Seele ein beengendes, beklemmendes Gefühl aufgezwungen, das auch den Übergang in die unstoffliche Welt erschwert."[82]

Es gibt inzwischen genügend Hinweise, die uns vermuten lassen, dass wir beim Sterbeprozess in ein heiliges Geschehen eingreifen, von welchem wir im Grunde noch kein wirkliches Verständnis haben. Doch gerade deshalb wird unser Eingreifen große Folgen für den Spender haben, und zwar viel tiefgreifendere, als uns das bisher klar ist – Folgen, die nicht nur im Leben nach dem Tod in der geistigen Welt spürbar sein werden, sondern auch im nächsten Erdenleben.

Zack Dunlop (siehe vorangegangenes Kapitel) wurde, kurz bevor er zur Entnahme seiner Organe in den OP-Saal hineingeschoben wurde, durch seinen Neffen gerettet. Er sagte später darüber, wie schon erzählt): „Ich war fuchsteufelswild, denn ich war nicht tot, doch mein Körper machte es mir unmöglich, mich zu regen. Wäre ich imstande gewesen, zu tun, was ich wollte, so wären die Fensterscheiben geplatzt!"

Es scheint mir die logische Vermutung nahe zu liegen, dass es andere Spender gab, die nicht im letzten Moment gerettet wurden und folglich bewusst miterleben mussten, dass ihnen ihre Organe nacheinander aus dem Körper entnommen wurden, ohne dass sie imstande gewesen wären zu reagieren – außer mit den so genannten *Lazarus-Reflexen*, die ja als unbewusste Reflexe abgetan werden. Wir müssen einmal versuchen, uns hineinzudenken, was dies für die nachfolgenden Erdenleben bedeutet: Eine große Angst davor, zu einem neuen Leben auf die Erde zurückzukehren, wenn sie in ihrer vorangegangenen Inkarnation einem solch schrecklichen Schicksal unterworfen waren. Ihr gesamtes neues Erdenleben steht nun im Zeichen einer Todesangst, die sie selbst nicht verstehen können. Sie werden ein ganzes Leben lang – und zudem viel Liebe – brauchen, um diese Angst wenigstens teilweise zu überwinden. Allein schon dieses eine Beispiel verdeutlicht, wie groß die Folgen der Organspende sein können!

Doch zum Glück, so berichtet Marieke de Vrij, versuchen die Engel mit ihren geistigen Kräften, die Organspender während der Operation so weit wie möglich im Unbewussten darüber zu halten, was mit ihrem Körper geschieht. „Ihr Mitgefühl mit dem, was hier auf Erden geschieht, ist groß, auch was die Nachsorge der Verstorbenen betrifft."[83] Dies ist eine Hilfe, die die Organspender dringend nötig haben!

12.

Eine Mutter erzählt

„Sterbende Organspender sind Menschen und kein Ersatzteillager." – Franco Rest. [84]

„Mein Sohn war ein Mensch, ein Individuum, kein Ding – und ganz bestimmt kein Recyclingprodukt." – Renate Greinert.

„Das Verbot, Menschen zu töten, wird hiermit gebrochen (gemeint ist die Entnahme von Organen aus dem Organspender)". – Anna Bergmann. [85]

„Der Moment, in dem sich der Hirntote in einen Herztoten verwandelt, ist auf dem OP-Tisch gut wahrzunehmen. Dann erst tritt der Tod wirklich ein. Dieser Moment wird vom OP-Assistenten meist als eine traumatische Erfahrung geschildert." – Anna Bergmann. [86]

Was Familienangehörige erleben

Bei Organspenden wird selten auf die Frage Rücksicht genommen, was diese Spende für die hinterbliebenen Familienangehörigen bedeuten muss. Sie sind es ja, die von ihrem geliebten Menschen Abschied nehmen müssen, während dieser auf dem Bett liegt, umgeben von piepsenden Apparaten. Ihr geliebter Freund scheint noch so lebendig und gar nicht tot zu sein. Die Familienmitglieder sind es, die spüren, dass ihr geliebter Angehöriger noch warm ist. Sie sehen ihn atmen, wenn auch mit Hilfe einer Beatmungsmaschine. Sie sehen, wie der Brustkorb sich hebt und senkt. Sie sehen die rosige Farbe seiner Haut. Sie sehen, wie manchmal die Augenlider zucken. Sie können sich wirklich in keiner Weise vorstellen, dass ihr geliebter Freund tot ist, auch wenn die Ärzte das noch so sehr beteuern. Ihr Gefühl und ihr Herz sagen ihnen etwas ganz anderes

Nach der Operation – manchmal erst am nächsten Tag, und dann in der Leichenhalle – sehen sie ihren verstorbenen geliebten Menschen meist nochmals wieder. Doch nun sieht er wirklich tot aus: Kalt, steif, grau und bewegungslos, so ganz anders als beim letzten Mal, als sie ihren geliebten Angehörigen sahen. Was ist in der Zwischenzeit geschehen? Unaufhaltsam durchdringt sie die Frage: „Was haben sie denn nur mit dir gemacht?"

Für viele Familienangehörige bedeutet diese Erfahrung einen Schock, der ihr Leben für immer verändert und in gewisser Weise in ihnen beständig weiter bebt. Der Arzt Matthijs Chavannes sagt, dass es wichtig ist, uns dieses Erlebnis der Hinterbliebenen bewusst zu machen: „Es herrscht bei den Bürgern in unserem Land, und wahrscheinlich überall sonst auch, ein entsetzlicher Mangel an Informationen und folglich auch an Wissen."[87] Dadurch fühlen sich die Hinterbliebenen so allein bei all dem, was sie erleben.

Menschen, die einer Organspende zustimmen, wissen gar nicht, was sie nun eigentlich erwartet. Daher berichten viele hinterbliebene Familienangehörige noch immer von dem Gefühl der Fassungslosigkeit, der Ungläubigkeit und dem Empfinden, es nicht begreifen zu können, das sie bereits tagein, tagaus beschäftigt und auch weiterhin beschäftigen wird.

Nicht mehr zurückschauen

Andere Familienangehörige sehen ihren geliebten Freund nach der Entnahme der Organe gar nicht mehr wieder. Sie haben in den Monaten und Jahren danach Mühe damit zu glauben, dass ihr geliebter Mensch tatsächlich gestorben und auch wirklich tot ist. Eine Mutter, die nach einem Verkehrsunfall die Einwilligung dazu gab, bei ihrem hirntoten 18-jährigen Sohn, der an der Beatmungsmaschine hing, eine Niere entnehmen zu lassen, erzählte: „Es war das Schrecklichste, was mir je im Leben passiert ist. Niemand hat mich darüber aufgeklärt, dass es so kommen würde. Der Junge, den ich dort zurückließ, sah exakt so aus wie der Junge, den ich großgezogen hatte. Ich hatte das Gefühl, dass die Klinik bekommen hat, was sie haben wollte, und das war es dann. Es war wie in einer Fabrik."

Sie hat ihren Sohn nach der Entnahme seiner Organe nicht mehr wiedergesehen. Daher, so sagt sie, wird sie immer und ewig daran zweifeln, ob er wirklich tot war: „Ich hätte sehen wollen, dass mein Sohn nicht mehr atmete. Das wäre für mich die einzige Möglichkeit zu begreifen, dass das wirklich das Ende war."[88]

Schuldgefühle

In Anbetracht des oben Dargelegten ist es verständlich, dass Eltern junger Menschen, die zum Organspender werden, später geistige Probleme bekommen. Renate Greinert, selbst Mutter eines 15-jährigen Sohnes, der Organspender wurde, sagt: „Meist sind es zuerst die Mütter, die in eine richtige psychische Krise rutschen. Sie betrachten sich als Komplizinnen zum Mord an ihrem eigenen Kind und schämen sich schrecklich dafür. Sie verstummen einfach und schreien sich innerlich ihr eigenes Elend entgegen (...) Erst Jahre später haben die Väter das gleiche Elend zu verkraften."[89]

Verunglückt

Renate Greinert, von der diese Aussage stammt, hatte eines Tages im Jahr 1985 das Mittagessen für ihre Familie zubereitet. Ihr jüngster Sohn und ihre Tochter waren zu diesem Zeitpunkt zum Essen zu Hause. Nur ihr ältester Sohn, Christian, war zu spät dran. Viel zu spät sogar, so dass Renate schon mit ihren anderen Kindern zu essen begann. Plötzlich kam ein Freund von Christian hereingestürzt, um zu erzählen, dass Christian verunglückt und mit einem Rettungshubschrauber in die Klinik gebracht worden sei. Unmittelbar darauf rief auch die Polizei an und berichtete, dass es nicht gut aussehe und ihr Sohn eine schwere Kopfverletzung habe.

Als sie ins Krankenhaus kam und zu Christian vorgelassen wurde, lag er anscheinend im Tiefschlaf. Er wurde beatmet und hatte einige Verletzungen im Gesicht, so wie damals, als er als Kind einmal vom Fahrrad gefallen war. Renate fragte sich, warum er nicht einmal seine Augen aufschlug: Dann würde sie wissen, dass er es wirklich war. Am Ende des Nachmittags, die Situation war unverändert, wurde ihr mitgeteilt, dass ihr Sohn tot sei – und sie wurde offiziell um eine Organspende gebeten. Renate konnte es nicht fassen, dass ihr Sohn tot sei: Er fühlte sich noch immer so warm an, und aus der Wunde an seinem Kinn tröpfelte noch immer ab und an ein wenig Blut. Wie konnte er denn nun tot sein?

Als sie zugestimmt hatte, musste sie Abschied von ihm nehmen. Doch als sie das tun und ins Zimmer treten wollte, musste sie noch ein wenig warten: Es werde noch eine

Untersuchung durchgeführt. Es durchzuckte Renate in Gedanken: „Wie kann das denn nun sein? Warum muss man einen Toten noch untersuchen?" Sie begriff diesen Widerspruch nicht. Nach ihrem Abschied und nach einem letzten Blick auf Christian – sein Brustkorb hob und senkte sich noch immer, und er war noch immer warm – ging sie weg.

Unmittelbar vor dem Begräbnis dringt sie darauf, ihn doch nochmals sehen zu dürfen. Der Bestattungsunternehmer rät ihr ab: Christian sehe so anders aus. Doch sie geht in die Kapelle, in welcher er aufgebahrt liegt. Da wird der Sarg für sie geöffnet. Der Anblick ihres toten Sohnes verschlägt ihr den Atem. Seine Augen sind weg (!), ein Schnitt verläuft von der Kinnspitze nach unten, wo er tief im Halsausschnitt seines Hemdes verschwindet. Das Silberkettchen, das seine Schwester ihm im Krankenhaus um den Hals gehängt hatte, liegt abgerissen auf dem Kissen. Der Ring, den Renate selbst an das Kettchen gehängt hatte, fehlt. Und dann schreibt Renate diese entsetzlichen Worte: „Er sah aus wie eine gerupfte Gans." Es ist ein Anblick, der ihr Leben für immer und definitiv verändert.

Bewusstwerdungsprozess

In den Jahren danach tauchen natürlich alle Erinnerungsbilder an das, was mit ihrem Sohn geschah, immer wieder bis in alle Details auf. Nun beginnen ihr Dinge bewusst zu werden, die sie seinerzeit nicht durchschaut hatte. Beispielsweise, dass Christian bereits an der Unglücksstelle von zwei Ärzten aufgesucht worden war, die feststellen sollten, ob er für eine Organspende geeignet war. Er wurde auch in der Klinik nicht auf die Intensivstation der Neurologie – der Abteilung für Patienten mit Kopfverletzungen – gebracht, sondern in einen Raum direkt neben der Abteilung für Transplantationsverfahren. Die Ärzte waren folglich gar nicht daran interessiert gewesen, eine Heilungsmöglichkeit für Christian zu finden, sondern hatten ihn bereits von Anfang an als Spender betrachtet und ihre Behandlung entsprechend darauf ausgerichtet. So wurde ihr auch klar, dass die Medikamentengaben von der ersten Minute an auf die Organspende ausgerichtet waren – und nicht auf die Heilung von Christian.

Renate wurde sich bewusst: „Unser ‚Ja' zur Organspende hatte ihn zu einem Recyclingprodukt degradiert und in Güter verwandelt, die über ganz Europa verteilt werden."[90] Renate formuliert ihre Erkenntnisse auf diese Weise, weil sie inzwischen weiß, dass die verschiedenen Organe von Christian nicht nur in Deutschland verwendet wurden, sondern auch ins Ausland gingen.

Lebensaufgabe

Auf diese Weise gerät ihre zweite Lebenshälfte quasi automatisch unter das Zeichen ihres Kampfes darum, das öffentliche Interesse auf die unbekannten Aspekte der Organspende zu lenken. Überall, wo das nur möglich ist, beginnt sie eine Diskussion, indem sie Interviews bei Zeitungen gibt, in einem Forum im Fernsehen darüber berichtet, ein eindrucksvolles Buch über ihre Erfahrungen schreibt, durch einen Briefwechsel mit dem Papst und dem Vorsitzenden der Evangelischen Kirche in Deutschland und vieles mehr. Es ist ein mühsamer Kampf, denn es zeigt sich, dass viel Widerstand aufkommt, insbesondere aus der Ecke der Transplantations-Chirurgie. Das führt sogar dazu, dass sie von einer Rechtsanwaltskanzlei die Aufforderung erhält, Berichte über den Ablauf bei der Organspende durch ihren Sohn in der Öffentlichkeit zu unterlassen. Bei Nichteinhaltung soll Renate für jede Äußerung 1.000,- Euro an das Deutsche Rote Kreuz bezahlen.[91] Sie beachtet diese Aufforderung übrigens nicht und kämpft bis heute weiter.

Durch den Kampf gewinnt sie an Weisheit. Eine der Weisheiten, auf die sie gestoßen ist, und die sie ihren Lesern mit auf den Weg gibt, ist folgende: „Wer geboren wird, stirbt auch eines Tages. Man hat das ganze Leben lang Zeit zu entscheiden, ob man den Tod als die Krönung des eigenen Lebens betrachten möchte oder als dessen Verlust." So wird sie zum Vorbild von einem Menschen, der in tiefem Schmerz und schwerer Ohnmacht das Licht der Weisheit finden darf.

13.

Die Folgen für den Spender

Heilige Gesetze

Welches sind die Folgen der Organspende für den Spender?

Wer versucht, eine Antwort auf diese Frage zu finden, wird dies tastend und suchend tun müssen. Der Spender ist ja gestorben und lebt nun in der geistigen Welt – und die Gesetze jener Welt sind uns kaum bekannt. Wir beginnen erst heute wieder, einen Hauch von jener Welt zu erhaschen. Immer mehr Menschen sagen: „Ich spüre, dass da nach dem Tod etwas ist, aber was genau, das weiß ich nicht." Solche Aussagen zeigen zwei Entwicklungen: Zunächst jene, dass immer mehr Menschen eine intuitive Ahnung davon bekommen, dass die geistige Welt tatsächlich existiert: „Da ist etwas." Aber diese Aussage ist auch Spiegel der Erkenntnis, dass wir noch so wenig von jener Welt wissen: „Doch was genau, das weiß ich nicht." Daher sollten wir alle auf zurückhaltende, bescheidene Weise nach einer Antwort auf die Frage suchen, was denn nun eigentlich mit dem Spender passiert.

Aus der Geschichte – beispielsweise aus der Zeit, als die Eingeweihten noch im direkten Kontakt mit der geistigen Welt standen und von dort aus ihre Impulse bekamen – wissen wir, dass die geistige Welt eine heilige Welt ist, der wir uns nur mit tiefer Ehrfurcht nähern dürfen. Das bedeutet, dass wir nicht nur mit Bescheidenheit, sondern auch mit Ehrfurcht nach einer Antwort auf die Frage suchen dürfen, was nach dem Tod mit einem Organspender geschieht. Diese Antwort ist wirklich ausgesprochen wichtig, denn sie ist mit ausschlaggebend für die Frage, ob wir uns für eine Organspende entscheiden sollen oder nicht und wie wir in der heutigen Zeit als Gesellschaft mit dieser Materie umgehen möchten. Es ist wichtig, über diese Frage nachzudenken, einfach daher, weil wir durch die heutige Praxis der Organspende dazu gezwungen werden.

Verlustgefühle

Es ist leicht verständlich, dass der Spender nach seinem Tod eine bestimmte Leere verspürt, einen bestimmten Mangel. Nicht nur, weil er die physischen Organe vermisst, die er zurückgelassen hat, sondern auch, weil ihm die geistigen Kräfte dieser Organe fehlen. Durch diesen Mangel entsteht in ihm das Bedürfnis, das Verlorene zu suchen und wiederzufinden. Infolgedessen richtet er seine Aufmerksamkeit auf die Erde und auf das, was hinter ihm liegt, aber nicht auf die geistige Welt, die sich vor ihm ausbreitet. Das bedeutet, dass er sich mehr auf die Vergangenheit konzentriert als auf die Zukunft.

Doch in der geistigen Welt gilt folgendes Gesetz: Das, worauf man seine Aufmerksamkeit nicht ausrichtet – und wofür man folglich kein Bewusstsein hat – kann man auch nicht wahrnehmen. Also bleibt ein Teil der geistigen Welt für den Spender verborgen.

Immer wieder wird der verstorbene Spender auf die Suche nach dem/den Mensch(en) auf Erden gehen, in dem sein Organ (seine Organe) weiterleben. Immer wieder wird er den Wunsch haben, sich mit den zurückgelassenen geistigen Kräften zu verbinden, die ihm zwar genommen wurden, die jedoch einen Teil seines Wesens ausmachen. Das Tragische ist, dass der Spender, wenn der Empfänger später stirbt, seine zurückgelassenen Kräfte zwar im Nachhinein wiederfindet, dass diese dann inzwischen jedoch durch den Charakter und die Lebenserfahrungen des Empfängers umgeformt – nämlich gefärbt und bearbeitet – worden sind. Er findet also nicht mehr wieder, was er verloren hat.

Seelenverstrickung

Wir haben bereits festgestellt, wie zwischen dem Spender und dem Empfänger eine *Seelenverstrickung* entsteht. Nicht umsonst berichten viele Empfänger eines Spenderherzens, dass sie unmittelbar nach der Operation das Gefühl hatten, dass sie nicht mehr alleine waren, sondern dass noch ein anderer in ihnen lebte. Doch das Bedeutsamste daran ist, dass sie auch erzählen, wie diese beiden Persönlichkeiten im Laufe der Zeit beginnen, eins zu werden, und folglich beginnen, sich miteinander zu verbinden. Eines Tages konnten sie die beiden in sich selbst nicht mehr voneinander unterscheiden. So entsteht die so genannte *Seelenverstrickung*. Das bedeutet, die Seelenenergien des Spenders und des Empfängers vermischen sich miteinander.

Marieke de Vrij weist auf Folgendes hin: „Solange das Herz des Spenders schlägt, kann sich die Seele nicht vollständig in die geistige Welt zurückziehen.“[92] Das bedeutet folglich, dass der Spender – solange eines seiner Organe im Körper eines anderen Menschen lebt – an seinem Aufstieg in die höhere geistige Welt gehindert wird. Er ähnelt einem Luftballon, der an einer Schnur festgebunden ist und daher nicht weiter in die geistige Welt aufsteigen kann.

Die Seelenverstrickung ist noch komplexer, berichtet Marieke de Vrij, wenn mehrere Empfänger beteiligt sind: Dann gibt es sozusagen mehrere Schnüre, die den Ballon festhalten und verhindern, dass er weiter aufsteigen kann.

Durch diese bleibende Verbindung mit den Organen, die im Körper eines anderen Menschen auf Erden zurückgeblieben sind, bleibt die Aufmerksamkeit des Spenders – wie wir bereits gesehen haben – auf die irdische und nicht auf die geistige Welt ausgerichtet. Es ist daher wahrscheinlich, dass er in einem seiner nächsten Leben mit einem verstärkten irdischen Impuls, beziehungsweise mit einer einseitigen Ausrichtung auf die Erde, zu dieser zurückkehrt. Dieser Impuls bewirkt auch, dass das neue Erdenleben seine Aufmerksamkeit so sehr in Beschlag nimmt, dass er kaum mehr imstande ist, auf die Impulse und Inspirationen aus der geistigen Welt zu achten. So hat die Organspende also über verschiedene Erdenleben hinweg einen deutlichen Einfluss auf die Entwicklung des Spenders. Er kehrt mit einem starken materialistischen Impuls zurück, während der für diese Zeit so notwendige geistige Impuls hingegen abgeschwächt ist.

Die Entwicklung als Individuum wird angetastet

Die zweite wichtige Folge der Seelenverstrickung scheint zu sein, dass sich weder der Organspender noch der Empfänger auf ihre individuelle Weise entfalten können. Doch gerade in unserer heutigen Zeit ist es so wichtig, dass wir unsere Individualität – Marieke de Vrij spricht sogar von unserer „Seelenindividualität" – zur Entfaltung bringen.[93] Wir müssen nämlich heute den Weg von außen nach innen gehen. Wir dürfen lernen, auf unser eigenes (Ge-) Wissen zu hören, anstelle den Anordnungen und Vorschriften von anderen zu gehorchen. Nur dann können wir uns zu einem Kanal für unser Höheres Selbst (den Geist, den inneren Christus oder unser Höheres Ich) entwickeln.

Gerade heute, da wir den so bedeutsamen Übergang vom Gruppenwesen zum Individuum durchmachen, wird mit den Organspenden ein Prozess in Gang gesetzt, der dieser Entwicklung hin zu einem freien Individuum entgegenzustehen scheint.

Außerdem bleiben der Spender und der Empfänger aufgrund ihrer Seelenverstrickung auch in den darauffolgenden Leben eng miteinander verbunden. Eine Verbindung, die nicht aus einer bewussten Entscheidung füreinander oder aus karmischen Impulsen heraus, sondern durch das Bedürfnis nach einer Lebensverlängerung des Empfängers und das Geschenk eines Organs durch einen Spender entstanden ist. Eines Spenders, der sich der Konsequenzen seines Geschenkes nicht bewusst war.[94]

Eine karmische Auswirkung

Unser Karma sorgt für eine Balance der unterschiedlichen Erfahrungen, die wir während unseres Erdenlebens machen. Daher wird das Karma auch als „Ausgleich" bezeichnet. Das Zuviel im einen Leben kann zu einem Mangel im folgenden Leben führen. Das könnte sich – äußerst vorsichtig formuliert – im Hinblick auf eine Organspende wie folgt auswirken: Ein Geschenk das im einen Leben lebensverlängernd wirkt, kann in einem darauffolgenden Leben energetisch reduziert werden und damit zu einer Lebensverkürzung führen.

Vielleicht funktioniert es aber auch noch ganz anders, doch die Tatsache, dass die Organspende eine karmische Auswirkung hat, ist gewiss. Hoffentlich werden wir in Zukunft durch weiterführende geisteswissenschaftliche Untersuchungen diesbezüglich mehr Einblick erhalten.

Erinnerungslücken

Wir haben in Kapitel 6 festgestellt, dass unsere Erinnerungen in unserem Ätherleib gespeichert werden, und zwar dort, wo der Ätherleib unsere physischen Organe durchdringt. Unsere Erinnerungen werden also auf der Oberfläche unserer Organe gespeichert. Das hat zur Folge, dass diese Erinnerungen bei einer Transplantation mit auf den Empfänger übergehen. Daher weiß der Empfänger manchmal Dinge vom (und über den) Spender, die er in der Tat nicht wissen kann.

Die Kehrseite hiervon ist, dass dem Spender diese Erinnerungen nun fehlen. Und das kann – und wieder drücke ich es sehr vorsichtig aus – eine Belastung sein. Der Spender bekommt nämlich nach seinem Tod zum zweiten Mal all die Erinnerungen an sein soeben vollendetes Erdenleben gezeigt. Der erste Rückblick findet während der ersten drei Tage nach seinem Tod in der ätherischen Welt in Form einer Panoramasicht statt – und zwar rückwärts, vom Todeszeitpunkt zurück bis zur Geburt (und sogar noch davor). Beim zweiten Mal erfolgt dieser Rückblick viel langsamer. Er vollzieht sich dann im Zuge einer jahrelangen Phase der Besinnung und des Nachdenkens in der Astralwelt.

Es geht insbesondere um diesen zweiten Panorama-Blick oder Rückblick, denn dann darf der Verstorbene seine eigenen Schlussfolgerungen über alles ziehen, was er auf Erden gelernt hat – also auch über den geistigen Gewinn, den er gemacht hat. Doch er darf auch sehen, inwiefern er versagt hat und was in einem der nächsten Leben noch zu lernen ist. Anhand dieser letzten Schlussfolgerungen kann er dann selbst bereits in groben Zügen den Plan für ein nächstes Erdenleben entwerfen.[95]

Es dürfte deutlich geworden sein, dass der Verlust bestimmter Erinnerungen – die auf dem transplantierten

Organ zurückgeblieben sind – in gewisser Weise bei diesem Rückblick eine Rolle spielen wird.

Auch bei diesem Thema gilt übrigens, dass geisteswissenschaftliche Untersuchungen in Zukunft noch klären müssen, inwiefern dieser Verlust von Erinnerungen beim Rückblick in der geistigen Welt eine Rolle spielt. Doch für den Augenblick ist es wichtig, dass wir uns dessen bewusst werden, dass wir mit einer Organspende auch in dieser Hinsicht in Prozesse eingreifen, die wir überhaupt noch nicht überblicken können und deren Konsequenzen wir folglich auch nicht kennen.

Daher sagt Pieter Sluis, der Begründer der Elisabeth Kübler-Ross Stiftung in den Niederlanden, über Organspenden Folgendes: „Wir üben hiermit Einfluss auf einer Ebene aus, die unseren Horizont übersteigt, die nicht zu dem von uns steuerbaren Bereich des Lebens gehört. Die größer ist. Sie manipulieren zu wollen, ist nach meinem Empfinden kein erstrebenswertes Ziel."[96]

Daher gibt Pieter Sluis auf die Frage: „Würden Sie sich persönlich dazu entscheiden, ein Organ zu spenden oder zu empfangen?" folgende Antwort: „Weder – noch."[97] Immer mehr Menschen, die sich die Zeit nehmen, um über Organspenden nachzudenken, kommen heute zu ein und derselben Schlussfolgerung und melden an das Spenderregister, dass sie kein Spender werden möchten.[98]

Mitgefühl und Liebe

Es ist übrigens wichtig, dass man mit Mitgefühl und Einfühlungsvermögen angesichts des Weges innehält, den der

Spender nach seinem Tod durch die geistige Welt nimmt, ebenso wie auch angesichts der geistigen Belastungen, die er dank der Tatsache, dass er ein Organ verschenkt hat, aufgebürdet bekommt. Dabei ist es wichtig, dass wir uns klarmachen, dass in der geistigen Welt geistige Kräfte am Wirken sind, und zwar ausschließlich rein geistige Kräfte – keine anderen. Folglich können auch unsere geistigen Kräfte der Liebe, der Empathie und der Dankbarkeit für den Spender eine unterstützende, inspirierende Kraft sein. Das gilt insbesondere für die Dankbarkeit und Liebe des Empfängers für sein Organ/seine Organe. Wir sollten hier auf Erden nicht unterschätzen, wie groß die Kraft von Dankbarkeit, Liebe und Mitgefühl in der geistigen Welt ist! Eben diese Kräfte sind es, die heilend, unterstützend und inspirierend auf den Spender einwirken.

14.

Eine wichtige Entscheidung

Das Argument von der Wiederkehr

Es scheint in Anbetracht des oben Gesagten genügend Überlegungen zu geben, die uns dazu bewegen könnten, von einer Organspende abzusehen. Das bedeutet, dass wir uns weder als Spender zur Verfügung stellen noch eine Transplantation beantragen, wenn unsere körperliche Situation das erfordern sollte. Wir haben bereits festgestellt, dass das Argument des Prinzips der Gegenseitigkeit angeführt wird: Wenn man das eine ablehnt, dann ist es auch nicht vertretbar, das andere zu wollen. Wenn man nicht bereit ist zu geben, ist es auch nicht vertretbar, etwas bekommen zu wollen.

Aus dieser Erwägung heraus ist es gar nicht so abwegig, dass manche Menschen vorschlagen, dass man selbst mindestens ein Jahr lang als potenzieller Spender angemeldet sein muss, um ein Organ von einem Spender empfangen zu können. In Amerika gibt es einen Bundesstaat, wo dies gesetzlich auf diese Weise geregelt ist, und auch in Europa gibt es Ärzte, die für eine derartige Regelung plädieren.[99]

Aus moralischer Sicht erscheint es denn auch richtig, folgende Schlussfolgerungen zu ziehen:

- Wenn man selbst jemals ein Organ von einem anderen Menschen empfangen möchte, falls das nötig ist, dann sollte man sich (jetzt schon) als Spender anmelden müssen.
- Wer jedoch beim Spenderregister angibt, kein Spender werden zu wollen, sollte dann auch konsequent sein und grundsätzlich auch für den Fall, dass sich eine Situation einstellt, in der das erforderlich wäre, kein Spenderorgan (von einem für hirntot erklärten Spender) beantragen.

Bei Organspenden von Lebenden, wie etwa bei einer Spenderniere von einem Familienangehörigen, liegt der Fall nach meinem Empfinden etwas anders, weil es dabei keinen Spender gibt, der für hirntot erklärt worden ist. Da geht es folglich nicht um das große Problem des Hirntodes des Spenders, sondern *nur* um das der Seelenverstrickung. Doch Menschen wie Marieke de Vrij helfen Spendern und Empfängern, um die negativen Folgen dieser Seelenverstrickung so gut wie möglich abzufangen.[100]

Zu sterben ist nichts Schlimmes – man kommt nach Hause

Doch welche Möglichkeiten bleiben übrig, wenn man kein Spenderorgan beantragt, obwohl man sehr wohl eines benötigt, um weiterleben zu können? Dann gibt es keine andere Möglichkeit, als zu akzeptieren, dass unser irdisches Leben endlich ist. Dann gibt es keine andere Wahl, als uns auf unsere Rückkehr nach Hause, in eine Welt wahrhafter Liebe, vorzubereiten.

Der Tod ist ja nur das Ende des irdischen Teils unserer Lebensreise, jedoch nicht das Ende unseres Lebens. Dieses innere Wissen ermöglicht es in meinen Augen, den Tod in aller Ruhe und Frieden anzunehmen – die Gewissheit, dass der Tod nur ein Tor ist, das wir auf dem Weg nach Hause durchschreiten.

Unser Leben ist nämlich nicht auf die Jahre beschränkt, die wir hier auf Erden leben. Unser irdisches Leben ist nur ein kleiner Bruchteil eines viel längeren Lebens, das uns immer wieder in neue, andere Welten führt. Wenn der Tod näher rückt, bedeutet das, dass unsere irdische Aufgabe erfüllt ist, dass wir gelernt haben, was wir hier auf Erden lernen sollten. Daher können wir nun in allem Frieden nach Hause zurückkehren.

So ist es auch möglich, unsere Lieben beim Sterben loszulassen: Wir sehen uns ja nach unserem Tod in der geistigen Welt wieder. In jener Welt ist nämlich die Liebe die Kraft, die die Menschen unaufhörlich zueinander hinzieht und zueinander bringt.

Ein Mädchen, das im Sterben lag, sagte einmal zu seiner Mutter: „Mama, ich finde es nicht schlimm, ein Engel zu werden, aber ich finde es so schlimm, dass ich dich so lange nicht mehr sehen werde." Die Mutter antwortete spontan, aus einem tiefen inneren Wissen heraus und von Liebe getragen: „Oh, aber weißt du, dort läuft die Zeit ganz anders. Bevor du überhaupt bis zehn zählen kannst, siehst du mich schon wieder." Das Rührende war, dass diese Antwort der Mutter das Mädchen voll und ganz zufriedenstellte – es wusste in seinem Inneren, dass die Antwort seiner Mutter die Wahrheit war, und das beruhigte es. Sie ist dann auch bis zu ihrem Tod niemals mehr auf dieses Thema zurückgekommen – es war in Ordnung.

Wenn wir uns dieses reine Wissen von Kindern wieder zu eigen machen könnten, dann würde es uns auch nicht so schwerfallen zu akzeptieren, dass der Tod als das Ende unseres Lebens einfach mit dazugehört.

Eine entscheidende Wahl

Es gibt Menschen, die nicht an ein Leben nach dem Tod und an eine geistige Welt glauben können. Das sind die Menschen, die in ihrem Denken und in ihrer Lebensweise vorrangig auf die Erde und folglich auf die Welt der Materie ausgerichtet sind. Es sind die Menschen, die materialistisch denken – und bitte verstehen Sie mich richtig: Das soll keinerlei Urteil sein! Es ist ihr gutes Recht und ihre freie Entscheidung. Wir können nur feststellen, dass sich in der heutigen Zeit viele Menschen in dieser Denkweise wohlfühlen.

Andere hingegen werden sich gerade der geistigen Welt bewusst, auch wenn sie oft noch keinerlei rechten Begriff davon haben, was diese Welt denn beinhaltet. Diese Menschen könnte man als geistig denkende Menschen bezeichnen.

In unserer heutigen Zeit scheinen sich also diese beiden Strömungen offensichtlich immer weiter auseinander zu entwickeln. Außerdem scheint sich die Kluft zwischen diesen beiden Strömungen insbesondere in unserer Einstellung zur Organspende und zu der Entscheidung, die wir für uns diesbezüglich treffen, immer deutlicher zu zeigen.

Daher reicht die Entscheidung, die wir diesbezüglich fällen, weit über die Organspende hinaus: Sie bestimmt auch die Richtung, die wir mit unserer Gesellschaft einschlagen möchten, und von welchen Erkenntnissen wir uns dabei leiten lassen wollen.

Anhang 1

Erläuterungen zu Aufbau und Struktur des Menschen

Ein Mensch ist mehr als nur ein physischer Körper. Laut dem Apostel Paulus, der viele Briefe geschrieben hat, von welchen eine ganze Reihe in die Bibel aufgenommen worden sind, besteht ein Mensch aus „einem Körper, einer Seele und einem Geist". Im esoterischen Christentum ist diese Dreiteilung zu einer Vierteilung erweitert worden, und zwar folgendermaßen:

- Ein Mensch hat primär einen *physischen Körper*.

- Dieser physische Körper wird durch die geistigen Energien, die (in der traditionellen östlichen Lehre) auch „Prana" oder (in der westlichen Lehre) „der Odem Gottes" genannt werden, zum Leben erweckt. Diese Energien strömen in Körperform um den physischen Körper herum und durch ihn hindurch. Dieser geistige Körper wird als „Ätherleib" bezeichnet und ist meist einen Bruchteil größer als der physische Körper.

Man beachte den Unterschied zwischen einem toten und einem schlafenden Menschen – daran kann man genau ablesen, welche Funktion der *Ätherleib* hat: *Er macht den physischen Körper lebendig.* Ein toter Körper ist ein physischer Körper, der vom Ätherleib verlassen wurde und daher tot ist, doch der schlafende Körper wird vom Ätherleib am Leben erhalten. Paulus bezeichnet den physischen Körper und den Ätherleib zusammen einfach als den „Körper". Das ist natürlich verständlich, denn ohne den Ätherleib wäre unser physischer Körper tot, also eine Leiche.

- Neben dem physischen Körper und dem Ätherleib hat der Mensch (laut Paulus) auch noch eine *Seele.* Sie wird durch den *Astralleib* mit dem Ätherleib und dem physischen Körper verbunden. Die Seele ist ja etwas Geistiges und beinhaltet unsere Charaktereigenschaften, unsere Triebe und Emotionen. Weil unsere Seele aus einer höheren, geistigen Substanz besteht, muss es eine Instanz oder Kraft geben, die unsere Seele mit unserem physischen Körper verbindet. Diese Instanz ist der Astralleib. Er ist der Träger unserer Seele und verbindet unsere Seele mit dem physischen Körper und dem Ätherleib. Diese beiden – unsere Seele und unser Astralleib – sind so eng miteinander verbunden, dass sie wie eine „Zwei-Einheit" wirken.

Dieser zweite geistige Körper ist größer als der Ätherleib und der physische Körper und hat eine deutlich wahrnehmbare Ausstrahlung: Hellsichtige erschauen die Farbenpracht dieses Körpers als *Aura*.

Wenn man den Unterschied zwischen einem schlafenden und einem wachen oder bewussten Menschen betrachtet, dann erkennt man, was die Seele – in engem Zusammenwirken mit dem Astralkörper – tut: Sie weckt uns auf und macht uns bewusst, so dass wir imstande sind, aktiv am irdischen Leben teilzunehmen.

- In diesen drei Körpern (physischer Körper, Ätherleib und Astralleib) lebt das *Ich* des Menschen. Dieses Ich besteht aus zwei Teilen: Einerseits aus dem *niederen Ich* oder dem *Ego*, das an den physischen Körper gebunden ist; andererseits aus dem *höheren Ich,* das auch als *unser Höheres Selbst* oder *unser geistiges Selbst* bezeichnet wird und aus der Welt des Geistes stammt.

- Gemäß dem esoterischen Christentum besteht ein Mensch folglich aus einem physischen Körper, einem Ätherleib, einem Astralleib und einem Ich, in dem der Geist lebt.

Anhang 2

Die rechtliche Situation in Holland ist anders als etwa in Deutschland, Österreich oder der Schweiz. Auch im internationalen Vergleich gelten andere Richtlinien und Gesetzesvorschriften.

Bitte beachten Sie darum, dass eine Widerspruchslösung allein im Ausland nicht überall ausreichend ist. Weitere Informationen finden Sie unter:

OrgaNOs – Global Protection Initiative Against
Organ Harvesting
www.organosprotection.com

Deutschland
In Deutschland können Sie sich an folgenden Stellen informieren:

KAO – Kritische Aufklärung über Organtransplantation e.V.
www.initiative-kao.de

Allgemeine Informationen finden Sie bei der Bundeszentrale für politische Bildung:

www.bpb.de/apuz/33311/wie-tot-sind-hirntote-alte-frage-neue-antworten

---

Österreich

In Österreich wenden Sie sich bitte an folgende Webseite:
www.goeg.@/Widerspruchsregister
Dort finden Sie auch eine Kontaktperson mit Telefonnummer.

Schweiz

In der Schweiz können Sie Ihre Entscheidung auf der sogenannten „Spendekarte" kundtun, die Sie immer bei sich tragen sollten. Auf ihr können Sie Ihre Willensäußerung für oder gegen die Entnahme von Organen, Geweben und Zellen zum Zweck der Transplantation kundgeben.

Weitere Informationen finden Sie beim Bundesamt für Gesundheit (BAG) unter:

www.transplantinfo.ch

Anmerkungen

1   Spiegelbeeld, Unabhängige Zeitschrift für Spiritualität, Wissenschaft, Gesundheit und Umwelt, 20. Jahrgang, Nr. 5, Mai 2013, S. 25-57

2   Ebd., S. 27

3   Ebd., S. 28

4   „Hirnversagen statt Hirntod", Interview mit Dott. Paolo Bavastro, in: *„Organspende, Ja und Nein"*, Flensburger Hefte 115, Flensburger Hefte Verlag, Flensburg, 2012, S. 170

5   „Bei den Informationen über Organspende und bei den Kampagnen wird viel Wert auf Solidarität gelegt und der subjektiv-physische Aspekt kaum angesprochen", sagt Ellorene Westerhout. Siehe: http://www.wanttoknow.nl/gezondheid/orgaandonatie-meer-dan-een-medische-ingreep/comment-page-4/

6   Pim van Lommel, *„Eindeloos Bewustzijn, een wetenschappelijke visie op de bijna-dood-ervaring"* (*„Endloses Bewusstsein, eine wissenschaftliche Betrachtung der Nahtod-Erfahrung"*), *Verlag* Ten Have, 2007

7   Ger Lodewick, *„Wat je over orgaandonatie zou moeten weten"* (*„Was man über Organspende wissen sollte"*), Verlag Succesboeken.nl, 2014, S. X. Ger Lodewick hat den Mut, klar Stellung zu beziehen und kein Blatt vor den Mund zu nehmen. Dieses Buch ist folglich auch ein „Muss" für jeden, der sich auf dem Gebiet der Organspende besser orientieren möchte. Pim van Lommel hat im Vorwort zu diesem Buch einen eindringlichen Appell verfasst. Aus diesem Vorwort stammt auch das angeführte Zitat.

8   Siehe Ger Lodewick, *„Hersendood, een dodelijke tunnelvisie"* (*„Der Hirntod - ein tödlicher Tunnelblick"*), Verlag Maldek, Franeker, S. 16

9   Siehe Fußnote 7, S. X, XI

10 Pim van Lommel stellt fest, dass das so genannte „Spenderpotenzial" in den Niederlanden in ganz Europa am niedrigsten ist. Siehe Seite XIII im oben genannten Buch von Ger Lodewick (siehe Fußnote 7)

11 Ineke Koedam, *„Een andere kijk op orgaandonatie, verkenningen van het stervensproces"* *(„Ein anderer Blick auf die Organspende - ein Streifzug durch den Sterbeprozess")*, Verlag Ankh-Hermes, 2014, S. 86

12 Pim van Lommel im bereits erwähnten Vorwort zum Buch von Ger Lodewick, siehe Fußnote 7, S. XI

13 Beim Tod eines Kindes bis zum 16. Lebensjahr können die Eltern bzw. der Vormund die im Register eingetragene Zustimmung zur Organspende des Jugendlichen widerrufen. Es erfolgt dann keine Organentnahme. Sind beide Elternteile bzw. der Vormund nicht anwesend bzw. nicht erreichbar, dann darf die Organentnahme jedoch durchgeführt werden. Hat der Jugendliche sich mit „Nein" registriert, dann können die Eltern bzw. der Vormund dies auch nicht ändern, und der Jugendliche wird nicht zum Organspender.

14 Nähere Ausführungen zu den verschiedenen Lebensphasen des Menschen finden sich beispielsweise bei: Gudrun Burkhard, *„Je leven in de hand nemen, werken aan je eigen biografie"* *(„Das eigene Leben in die Hand nehmen - an der persönlichen Biografie arbeiten")*, und: Bernard Lievegoed, *„De levensloop van de mens"* *(„Der Lebenslauf des Menschen")*, Verlag Lemniscaat, 2010

15 Gesetz zur Organspende vom 24. Mai 1996, Artikel 14, Absatz 1

16 Siehe http://www.de-lemniscaat.nl/Orgaandonatie.htm

17 Auch Renate Greinert bezeichnet in ihrem Buch die Organspende als eine moderne Form von Kannibalismus. Siehe Renate Greinert, *„Ongestoord sterven, een ruimere kijk op orgaandonatie"* *(„Ungestört sterben, ein erweiterter Blick auf die Organspende")*, Verlag Akasha, Eeserveen 2009, S. 205. Sie schreibt unter anderem: „Organspende ist für mich die modernste Form von Kannibalismus" und: „Beide, der Kannibale wie auch der Kranke aus dem Westen, möchten dasselbe: Kraft über das Organ eines anderen schöpfen."

18 Das Buch von Norm Barber ist auf vielen Internetseiten zu finden, beispielsweise bei der National Library of Australia, http://catalogue.nla.gov.au/Record/1570641. Im Jahr 2007 erschien die dritte Auflage des Manuskripts, das im Internet zu finden ist. Das Zitat, das ich in den Text aufgenommen habe, ist auch in dem weiter oben genannten Buch von Ger Lodewick zu finden (siehe Fußnote 7), S. 51

19 Siehe Pim van Lommel im Vorwort des oben genannten Buches von Ger Lodewick (Fußnote 7), S. XIV

20   Siehe http://www.ic-adrz.nl/?page_id=336

21   Flensburger Hefte 115, „Organspende Ja und Nein", Flensburger
     Hefte Verlag, Flensburg, Frühjahr 2012, S. 116

22   Ineke Koedam, „Een andere kijk op orgaandonatie, verkenningen
     van het stervensproces", („Ein anderer Blick auf die Organspende
     – ein Streifzug durch den Sterbeprozess"), Verlag Ankh-Hermes,
     2014, S. 15

23   Dr. Bernie Siegel, „Een woord vooraf" („Ein Wort vorab"), in:
     Claire Sylvia, „Hart en ziel, de wonderbaarlijke gevolgen van een
     harttransplantatie" („Ein Herz und eine Seele – die wundersamen
     Folgen einer Herztransplantation"), Verlag Luitingh – Sijthoff BV,
     Amsterdam 1997, S. 11ff

24   Claire Sylvia mit William Novak, „Hart en ziel, de wonderbaarli-
     jke gevolgen van een harttransplantatie" („Ein Herz und eine See-
     le – die wundersamen Folgen einer Herztransplantation"), Verlag
     Luitingh – Sijthoff BV, Amsterdam 1997, S. 138

25   Ebd., S. 139

26   Paul Pearsall, „Het geheugen van het hart" („Das Herz und sein
     Gedächtnis"), Verlag Areopagus, 1998

27   Ebd., S. 25

28   Ebd., S. 105f.

29   Claire Sylvia mit William Novak, „Hart en ziel, de wonderbaarli-
     jke gevolgen van een harttransplantatie" („Ein Herz und eine See-
     le – die wundersamen Folgen einer Herztransplantation"), Verlag
     Luitingh – Sijthoff BV, Amsterdam 1997

30   Ebd., S. 96

31   Ebd., S. 116

32   Siehe Spiegelbeeld, Unabhängige Zeitschrift für Spiritualität,
     Wissenschaft, Gesundheit und Umwelt, 20. Jahrgang, Nr. 5, Mai
     2013, S. 55. Siehe auch die Webseite von Marieke de Vrij: http://
     www.bispiritualiteit.nl/tag/orgaandonatie/

33   Siehe Fußnote 24, S. 140f.

34   Ebd., S. 138

35   Ebd., S. 144

36   Siehe 1. Brief an die Thessaloniker 5, 23

37   Die Terminologie stammt von Rudolf Steiner, der dieses alte
     Mysterienwissen dem modernen Menschen dadurch wieder zu-
     gänglich gemacht hat.

38   Im ersten Buch Mose 2,7 wird erzählt, dass Gott aus Erde einen
     Menschen formt (Adam) und ihm daraufhin den Lebensatem
     einbläst. Dieser Lebensatem besteht aus den ätherischen Energi-
     en, die den Ätherleib Adams bilden.

39 Weitere Ausführungen über die Funktionen des Kurzzeitge-
dächtnisses und des Langzeitgedächtnisses finden sich in meinem Buch über „Demenz – wenn sich die Seele zurückzieht" („De
verborgen zin van dementie"), Verlag Ankh-Hermes, Utrecht
2015, S. 23

40 Die Erkenntnisse über das Kurzzeitgedächtnis und das Langzeitgedächtnis entlehne ich Judith von Halle, Die Demenzerkran-
kung, Anthroposophische Gesichtspunkte, Verlag für Anthropo-
sophie, 2. Auflage 2010, Seite 26ff.

41 Weitere Fakten zu diesem Thema siehe Matthijs Chavannes,
„Orgaantransplantatie en – donatie, een spirituele visie" („Organ-
transplantation und Organspende aus spiritueller Sicht"), Verlag
Pentagon, Amsterdam, 2. Auflage 2013, insbesondere S. 32-36.
Siehe auch Flensburger Heft 116, „Vom Wesen der Organe", Flensburger Hefte Verlag, Flensburg 2013, S. 31-101. Ebenfalls wichtig in diesem Zusammenhang ist das Buch von Marieke de Vrij:
„Orgaandonatie en –transplantatie belicht vanuit de ziel" („Organtransplantation und Organspende aus der Sicht der Seele"),
Verlag de Vrije Mare, 5. Auflage 2009. Dieses Buch ist auch in
vollem Umfang im Internet zu finden.

42 Siehe Flensburger Heft 116 (siehe Fußnote 41), S. 41

43 Diese Blaupause bekommen wir bei unserem Abstieg hinab zur
Erde für unsere neue Inkarnation mit auf den Weg. Wir haben
sie in der Sonnensphäre aus den Händen von Christus, dem Son-
nengeist, höchstpersönlich empfangen – er ist nämlich der Herr
des Karmas.

44 Über den Weg durch die geistigen Welten, der mit dem Tod beginnt, und alles, was wir auf diesem Weg erfahren: Hans Stolp,
„Wat gebeurt er als je dood gaat?" („Was geschieht mit uns, wenn
wir sterben?"), Verlag Ankh-Hermes, Utrecht 2014

45 Bei der Geburt wird „nur" der physische Körper geboren. Wenn
ein Kind sieben Jahre alt ist, wird der Ätherleib geboren, und
wenn das Kind vierzehn Jahre alt wird, wird der Astralleib geboren. Diese beiden geistigen Körper erhalten die gleiche (immer
feinere) Schwingung wie sie der physische Körper hat.

46 Siehe Rob Gruben, „Esoterische verdiepingen" („Esoterische Di-
mensionen"), Verlag Nearchus, Assen 2008, S. 35-57

47 Karel Jan Tusenius stellt fest: „Die Organspende ist eine unnatür-
liche Manipulation, gegen die sich der Körper fortwährend auf-
lehnt. Bei einer Transplantation wird ein lebendes Organ entnommen, anschließend in einen Nahtod-Zustand versetzt, gekühlt und
blutleer gemacht. Es wird in ein nahezu physisches Instrument

verwandelt – aber nicht ganz, denn dann wäre es ja tot. Dieses kalte Instrument wird dem Empfänger eingesetzt. Anfangs geht dies mit heftigen immunologischen Abstoßungsreaktionen und Ablehnung einher." Siehe: http://antroposofieindepers.blogspot. ch/2008/12/donatie.html

48 Siehe Rob Gruben, Fußnote 46, S. 53

49 Ebd., S. 54

50 Matthijs Chavannes, *„Orgaantransplantatie en –donatie, een spirituele visie"* (*„Organtransplantation und Organspende aus spiritueller Sicht"*), Verlag Pentagon, Amsterdam, 2. Auflage, 2013, S. 11

51 Ebd., S. 28

52 Ebd., S. 26ff

53 Ineke Koedam, *„Een andere kijk op orgaandonatie, verkenningen van het stervensproces"* (*„Ein anderer Blick auf die Organspende – ein Streifzug durch den Sterbeprozess"*), Verlag Ankh-Hermes 2014, S. 109

54 Spiegelbeeld, siehe Fußnote 1, S. 39

55 NRC Webseite, Eintrag vom 20. März 1998, http://retro.nrc.nl/ W2/Lab/Profiel/Orgaandonatie/bezinning.html

56 Eben Alexander, *„Na dit leven, Een neurochirurg over zijn reis naar het hiernamaals"* (*„Nach diesem Leben – ein Neurochirurg über seine Reise ins Jenseits"*), A.W.Bruna Uitgevers 2014. Dt.: *Ein Blick in die Ewigkeit.*

57 Pim van Lommel, *„Eindeloos Bewustzijn, een wetenschappelijke visie op de bijna-dood-ervaring"* (*„Endloses Bewusstsein, eine wissenschaftliche Betrachtung der Nahtod-Erfahrung"*), Verlag Ten Have 2007

58 Peter Krause, *„Die Beschaffung von Organen"*, in: *„Organspende, Ja und Nein"*, Flensburger Hefte 115, Flensburger Hefte Verlag, Flensburg 2012, S. 32

59 Ebd., S. 33

60 Ger Lodewick, *„Wat je over orgaandonatie zou moeten weten"* (*„Was man über Organspende wissen sollte"*), Verlag Succesboeken.nl, 2014, S. 69

61 Marieke de Vrij, *„Orgaandonatie en –transplantatie belicht vanuit de ziel"* (*„Organtransplantation und Organspende aus der Sicht der Seele"*), Verlag de Vrije Mare, 5. Auflage 2009

62 Ger Lodewick, *„Hersendood , een dodelijke tunnelvisie"* (*„Der Hirntod - ein tödlicher Tunnelblick"*), Verlag Maldek, Franeker, S. 52

63   Jan Kerkhoffs, „Droomvlucht in coma" („Traumflucht ins Koma"),
      Verlag Marga Genot Melick, Melick 1994

64   Ger Lodewick, „Wat je over orgaandonatie zou moeten weten"
      („Was man über Organspende wissen sollte"), Verlag Succesbo-
      eken.nl, 2014, S. 33

65   Ebd., S. 31 und Spiegelbeeld, Unabhängige Zeitschrift für Spiritu-
      alität, Wissenschaft, Gesundheit und Umwelt, 20. Jahrgang, Nr.
      5, Mai 2013, S. 41

66   http://marco-pothuizen.nl/gesprekken-met-overledenen/orgaan-
      donatie-en-zielverstrengeling.html

67   Ger Lodewick, „Wat je over orgaandonatie zou moeten weten"
      („Was man über Organspende wissen sollte"), Verlag Succesbo-
      eken.nl, 2014, S. 38

68   Beide Zitate bei Lodewick, a.a.o., S. 58

69   Ebd., S. 63

69a   Ebd., S. 66

70   Renate Greinert, „Ongestoord sterven, een ruimere kijk op orga-
      andonatie" („Ungestört sterben, ein erweiterter Blick auf die Or-
      ganspende"), Verlag Akasha, Eeserveen 2009, S. 99

71   Ger Lodewick, „Wat je over orgaandonatie zou moeten weten"
      („Was man über Organspende wissen sollte"), Verlag Succesbo-
      eken.nl, 2014, S. 61

72   Ebd., S. 55

73   Peter Krause, „Die Beschaffung von Organen", in: „Organspende,
      Ja und Nein", Flensburger Hefte 115, Flensburger Hefte Verlag,
      Flensburg 2012, S. 36

73a   Ger Lodewick, „Wat je over orgaandonatie zou moeten weten"
      („Was man über Organspende wissen sollte"), Verlag Succesboe-
      ken.nl, 2014, S. 45

74   Eine Beschreibung des Behandlungsplanes siehe: Spiegelbeeld,
      Unabhängige Zeitschrift für Spiritualität, Wissenschaft, Ge-
      sundheit und Umwelt, 20. Jahrgang, Nr. 5, Mai 2013, S. 43. Der
      betreffende Artikel heißt: „De grove misleiding van de diagnose
      hersendood." („Die grobe Täuschung bei der Diagnose 'Hirntod'")

75   Ger Lodewick, „Wat je over orgaandonatie zou moeten weten"
      („Was man über Organspende wissen sollte"), Verlag Succesbo-
      eken.nl, 2014, S. 91

76   Renate Greinert, „Ongestoord sterven, een ruimere kijk op orga-
      andonatie" („Ungestört sterben, ein erweiterter Blick auf die Or-
      ganspende"), Verlag Akasha, Eeserveen 2009, S. 119

77   „Organspende, Ja und Nein", Flensburger Hefte 115, Flensburger
      Hefte Verlag, Flensburg 2012, S. 36

78 Evangelium des Johannes 11, 44

79 Ger Lodewick, „Wat je over orgaandonatie zou moeten weten" („Was man über Organspende wissen sollte"), Verlag Succesboeken.nl, 2014, S. 11f

80 „Organspende, Ja und Nein," Flensburger Hefte 115, Flensburger Hefte Verlag, Flensburg 2012, S. 36

80a Pim van Lommel, „Eindeloos Bewustzijn, een wetenschappelijke visie op de bijna-dood-ervaring" („Endloses Bewusstsein, eine wissenschaftliche Betrachtung der Nahtod-Erfahrung") Uitg. Ten Have, 2007, S. 334

80b www.transplantatiestichting.nl/medische-procedure/medische-vraagbaak/waarom-een-hersendode-donor-onder-narcose-bij-de-orgaanuitname

81 Siehe die Webseite der Stiftung Bezinning Orgaandonatie („Bewusste Organspende"): http://orgaandonorjaofnee.nl/

82 Marieke de Vrij, „Orgaandonatie en -transplantatie belicht vanuit de ziel" („Organtransplantation und Organspende aus der Sicht der Seele"), Verlag de Vrije Mare, 5. Auflage 2009

83 Ebd.

84 Prof. Dr. Franco Rest im Nachwort des Buches von: Renate Greinert, „Ongestoord sterven, een ruimere kijk op orgaandonatie" („Ungestört sterben, ein erweiterter Blick auf die Organspende"), Verlag Akasha, Eeserveen 2009, S. 224

85 Das Zitat der deutschen Kulturphilosophin Anna Bergmann findet sich bei: Ger Lodewick, „Wat je over orgaandonatie zou moeten weten" („Was man über Organspende wissen sollte"), Verlag Succesboeken.nl, 2014, S. 82

86 Ebd., S. 88

87 Matthijs Chavannes, „Orgaantransplantatie en -donatie, een spirituele visie" („Organtransplantation und Organspende aus spiritueller Sicht"), Verlag Pentagon, Amsterdam, 2. Auflage, 2013, S. 21

88 Sue Freeman in: Renate Greinert, „Ongestoord sterven, een ruimere kijk op orgaandonatie" („Ungestört sterben, ein erweiterter Blick auf die Organspende"), Verlag Akasha, Eeserveen 2009, S. 103

89 Renate Greinert, „Ongestoord sterven, een ruimere kijk op orgaandonatie" („Ungestört sterben, ein erweiterter Blick auf die Organspende"), Verlag Akasha, Eeserveen, 2009, S. 129

90 Ebd., S. 48

91 Ebd., S. 78

92 Ineke Koedam, „*Een andere kijk op orgaandonatie, verkenningen van het stervensproces*" („*Ein anderer Blick auf die Organspende - ein Streifzug durch den Sterbeprozess*"), Verlag Ankh-Hermes 2014, S. 99

93 Marieke de Vrij, „*Orgaandonatie en –transplantatie belicht vanuit de ziel*" („*Organtransplantation und Organspende aus der Sicht der Seele*"), Verlag de Vrije Mare, 5. Auflage 2009.

94 Natürlich kann es auch einmal sein, dass bei der Entscheidung für eine Organspende karmische Motive zugrunde liegen, doch meist ist dies anscheinend nicht der Fall.

95 Eine ausführliche Beschreibung der Reise durch die geistigen Welten, die mit dem Tod beginnt, findet sich bei: Hans Stolp, „*Wat gebeurt er als je dood gaat?*" („*Was geschieht mit uns, wenn wir sterben?*"), Verlag. Ankh-Hermes, Utrecht, 5. Auflage 2015. Dt: „*Die ersten drei Tage im Jenseits*".

96 Ineke Koedam, „*Een andere kijk op orgaandonatie, verkenningen van het stervensproces*" („*Ein anderer Blick auf die Organspende – ein Streifzug durch den Sterbeprozess*"), Verlag Ankh-Hermes 2014, S. 66

97 Ebd.

98 Siehe https://www.donorregister.nl/

99 Peter Krause in: „*Organspende, Ja und Nein*", Flensburger Hefte 115, Flensburger Hefte Verlag, Flensburg 2012, S. 11

100 Siehe www.devrijemare.nl

Die Sterbestunde
Bewusstes Abschiednehmen

Hans Stolp hat viele Jahre als Kranken-
hauspfarrer an den Betten von sterbenden Menschen gesessen. Er hat unzähli-
ge Hände gehalten und zahllose Tränen
getrocknet. Er hat Trost gespendet, Mut
gemacht und Hoffnung vermittelt. Es gibt
kaum ein vergleichbares Werk, in dem
der Leser so Anteil nehmen kann und so
unmittelbar in die letzten Momente eines
Menschen eingebunden ist. Die „Sterbe-
stunde" ist eine heilige Stunde, die es achtsam und behutsam zu ver-
bringen gilt. Es gibt Unerledigtes aufzuarbeiten, Streit zu beenden oder
Verzeihung zu gewähren. Für alle Prozesse am Ende eines Lebens gilt
es: Stille einkehren zu lassen und innere Ruhe zu bewahren.
ISBN: 978-3-89427-933-2

Die ersten drei Tage im Jenseits
Was die Seele unmittelbar nach dem
Ablegen des Körpers durchlebt

Hans Stolp hat in seinen Büchern immer
wieder über die Unsterblichkeit der Seele
geschrieben. Er hat die mystischen Tradi-
tionen der Welt erforscht und überall den
Glauben an ein ewiges Leben angetroffen.
Vor allem aber hat er in diesen Quellen be-
stätigt gefunden – was er selbst erlebt hat!
Als Pfarrer und Sterbebegleiter hat er an
unzähligen Sterbebetten gesessen und den
Menschen bei ihrem Übergang in eine höhere Welt geholfen. Zum ersten Mal schil-
dert er in diesem Werk seine tiefsten Eindrücke über das Geschehen in
den heiligen Momente des Freiwerdens von aller Erdenschwere. Damit
liegt erstmals in der abendländischen Tradition eine vergleichbare Erkenntnis vor, wie sie das östliche Denken im „Tibetischen Totenbuch"
besitzt. Ein einzigartiger „Reisebegleiter" für jene, die abreisen, und
für diejenigen, die zurückbleiben müssen!
ISBN: 978-3-89427-657-7

Hans Stolp

Bleib, mein goldener Vogel
Ein sterbendes Kind erzählt

Hans Stolp hat in seinem Leben als Pfarrer viele Sterbende begleitet, darunter auch – und das waren stets besonders schwere Stunden – viele sterbende Kinder. In diesen existenziellen Erfahrungen des Menschlichen verschwimmen manchmal die Grenzen zwischen den Welten – und der Himmel kommt der irdischen Welt ganz nahe.

Aus einem dieser kostbaren Augenblicke heraus wurde die Erzählung des „Goldenen Vogels" geboren. Sie gibt ein Erleben wieder, als „hätte der Himmel die Erde still geküsst". Es ist eine Geschichte voller Mitgefühl, stiller Traurigkeit, banger Hoffnung und dankbarer Erlöstheit. Ein auf wundersame Weise anrührendes Buch, das man mit wundem Herzen und dennoch mit einem glücklichen Lächeln auf den Lippen aus den Händen legen wird!
ISBN: 978-3-86191-012-1

Demenz
Wenn sich die Seele zurückzieht

Hans Stolp widmet sich dem Umgang mit Demenz aus einer spirituellen Sicht, in der die Ganzheit von Körper, Seele und Geist beachtet wird. Auch wenn sich die Geistseele zwischenzeitlich aus ihrer körperlichen Hülle entfernt hat, bleibt das Individuum bis zum letzten Atemzug anwesend. Das seelische Wesen erlebt bewusst alles mit, was sich um seine irdische Hülle herum abspielt. Dieser Erkenntnis kommt für den Umgang mit der Demenz eine ganz entscheidende Rolle zu. War man bisher weitgehend davon ausgegangen, dass in den späten Stadien einer Demenz keinerlei Kontakt mit der betroffenen Person mehr aufrechterhalten werden kann, so zeigt Hans Stolp auf, dass auf einer inneren Ebene eine ununterbrochene Verbindung besteht.
ISBN: 978-3-89427-700-0